構想日本

第4巻

政治時評

Politics

構想日本J・I・フォーラム 編

水曜社

『構想日本』創刊にあたって

近年、「構想」という言葉をよく目にするように思います。きちんとした構想が必要、といった具合です。自分自身、会社、社会などの将来の見通しがはっきりしないものだから、明確な方向づけやビジョンが求められているということでしょうか。

構想日本は政策シンクタンクですが、世の中のいろいろな「問題」についてきちんと考えてみようという趣旨で、1997年5月以来毎月、銀座ソニービルで「J・I・フォーラム」を開いてきました。テーマは、食べること、働くことといった身近なことから、医療、外交まで何でもありです。ゲストは有名人もいればお百姓、職人、企業家と多彩です。20人以上の政治家が壇上ですし詰めになり、制限時間1分で白熱した議論をしたこともあります。こんな、少し型破りのフォーラムが2005年の10月に100回を迎えました。これを機に、これまでのフォーラムの記録をまとめたのが本シリーズです。いずれも一級の人たちの話だけに、時間を超えた示唆に富み、味わい深い内容が詰まっています。そこで、シリーズ名も思いきって『構想日本』としました。

どこからでも、興味を引かれた章からお読み下さい。世間に出回っている賞味期限の短い話とは違う、どっしりした知恵を楽しんでいただけると思います。

構想日本　J・I・フォーラム

第4巻『政治時評』まえがき

　幕末の志士にたとえると、小泉純一郎は人斬り半次郎じゃないかと私は思っています。田中角栄以来の与党の既得権益、秩序を思いきりよくぶった斬ってくれたわけですから、これは大いに評価すべきでしょう。そして小泉さんの凄腕が発揮されるには、それだけの必然性があったのだと思います。それは、高度成長期以来の右肩上り経済とその下で一貫して政治家が担ってきた、国の予算（さまざまなハコモノ建設やバラマキ的福祉予算など）の分配役としての役割がこれ以上果たせなくなったこと。都市化、高齢化、産業構造などの大きい変化。小選挙区制になったことによる党運営と派閥の役割の変化。政治家の世代交代など、さまざまな「政治構造」の変化です。

　では、政界の秩序が大きく変わり、日本の政治の未来は大いに期待できるかというと、残念ながらそうは問屋が卸してくれないようです。政治の世界の中だけみても、お金の問題はひっきりなしに起こっています。実質的な「世襲化」は圧倒的に世界一でしょう。政治家の口から国家像や世界戦略はめったに聞けません。選挙の際のマニフェストなどの試みも、まだまだ定着していません。むしろ七面倒臭い政策の議論などより、「ワンフレーズ」政治が大はやりです。先の総選挙の結果からみても、新人候補者の発掘や育成がしっかり行われているとはとうてい思えません。

　一方、政治課題は山積みです。小泉さんは「構造改革」を旗印に掲げてさまざまな「改革」を行いましたが、地域間、個人間の「格差」が大きい社会問題になっていること、教育の分野では小学校から大学に至るまでますます混乱が進んでいること、金融、証券をはじめ、規制緩和の後のルールづくりが追いついていないことなどから、早く「国のかたち」をつくっていかないといけません。

また「改革」の中身も、キャッチフレーズとは大違いのものが多くあります。道路公団民営化といっても実質的には国営化され、以前計画された高速道路はすべて建設されることになりました。郵政事業にしても、郵便貯金や簡易保険などを縮小するための民営化だったはずが、逆に大拡大の方針が発表されています。外交も同様で、世界を見渡した戦略を練っている様子は見られません。

これら散らかったままの「改革」をこれから、どう整理し、国益、国民の利益に沿ったものにしていくか。これからが正念場です。

この本でとりあげた「選挙のあり方」「政治とカネ」は、ともにこれからの政治改革の柱となるべき課題です。いずれも現役の政治家が大いに本音で語り、制度や現実の問題が浮き彫りになっています。さまざまな世代、党派の政治家たちが何を考え、どう行動しているのかがうかがわれます。

このシリーズは過去の議論の傑作集という位置づけですが、本巻ではそれに加え、これからの日本の政治において主役を担うであろう政治家たちの抱負や、気鋭の識者による小泉改革の検証を加え、フルコースメニューになりました。わが国の政治について具体的に考えるうえでの必読の書です。

2006年9月

構想日本代表　加藤 秀樹

第4巻『政治時評』　目次

※順不同、肩書きは講演当時のもの

今、日本の政治に求められるもの——9

日本という国のあり方、生き方　麻生太郎（外務大臣）　10

「絆」で支え合いの国をつくる　谷垣禎一（財務大臣）　12

国土を知ることは、自分を知ること　北側一雄（国土交通大臣）　15

人間力＋地域力＝日本力　額賀福志郎（防衛庁長官）　18

検証・小泉改革——21

◆「骨太の方針」の変遷（小泉政権の2001年～2005年）　22

◆小泉改革のアップ&ダウン　24

道路公団　道路公団改革は何を残したか　櫻井よしこ（ジャーナリスト）　26

格差社会　「新卒全雇用政策」で格差是正社会へ　三浦　展（消費社会研究家）　44

靖国問題　アジア的視座から見た「靖国」　森尻純夫（マンガロール大学客員教授）　48
地方財政　地方の自立は達成されたか　赤井伸郎（兵庫県立大学助教授）　52
公の復権　「公共性」という価値観を共有する　松原隆一郎（東京大学大学院教授）　66
政策形成　小泉流政治改革で何が変わったか　曽根泰教（慶應義塾大学大学院教授）　69
経済再生　次期政権は「真の自立」への再挑戦を　渡邉正太郎（前経済同友会副代表幹事）　72

小さな政府とは何か――75
第102回J・I・フォーラム「小さな政府について一度きちんと考えてみよう」より
討論者　榊原英資（慶應義塾大学教授）／林　芳正（参議院議員）／松本剛明（衆議院議員）／山口那津男（参議院議員）／渡邉正太郎（経済同友会副代表幹事・専務理事）
コーディネーター　蟹瀬誠一（ジャーナリスト）

選挙で政治を変える――105
第33回J・I・フォーラム「選挙で政治を変えよう――今こそ、政策を競う選挙を訴える」より
討論者　枝野幸男（衆議院議員）／柿沢弘治（前衆議院議員）／河村たかし（衆議院議員）／

菅　直人（衆議院議員）／塩崎恭久（衆議院議員）／高市早苗（衆議院議員）／堂本暁子（参議院議員）／
中村敦夫（参議院議員）／広中和歌子（参議院議員）／山中あき子（衆議院議員）／
山本孝史（衆議院議員）／小田全宏（株式会社ルネッサンス・ユニバーシティ代表取締役会長）
コーディネーター　山田厚史（朝日新聞編集委員）

政治とカネの関係を考える――135
第60回J・I・フォーラム「政治資金の話について考える――政治家とお金にまつわる議論」より
討論者　石破　茂（衆議院議員）／岡田克也（衆議院議員）／小林興起（衆議院議員）
佐藤謙一郎（衆議院議員）／原田義昭（衆議院議員）／増原義剛（衆議院議員）
コーディネーター　飯尾　潤（政策研究大学院大学教授）

エモーショナル・ポリティクスのすすめ――163
第55回J・I・フォーラム「エモーショナル・ポリティクス――政治をファッショナブルに分析してみよう」より
討論者　坂井直樹（コンセプター／株式会社ウォータースタジオ代表）／林　芳正（参議院議員）／
平井卓也（衆議院議員）／細野豪志（衆議院議員）
コーディネーター　永田　仁（社団法人日本マーケティング協会講師／東京マーケティングアカデミー副学院長）

今、日本の政治に求められるもの

外務大臣　麻生太郎
財務大臣　谷垣禎一
国土交通大臣　北側一雄
防衛庁長官　額賀福志郎

日本という国のあり方、生き方

外務大臣　麻生太郎

「自民党をぶっ壊す」を掲げ、小泉内閣は5年半におよんで構造改革に取り組んできた。その間、有事法制や国民保護法を成立させ、政府系金融機関や特別会計の改革に着手するなど、既得権益等の破壊が進行した。また、長期の経済停滞により国民の間にくすぶってきた閉塞感を打破したことなど、一定の成果は評価できるであろう。

一方、地方では地域格差感が進行した。地方の道路に対するアクセスの悪さなどを残したまま公共事業費の大幅削減が行われたため、都市に対する不満や暮らしへの不安が増大した。町村合併は大幅に進んだが、「地方が忘れられている」という格差感の進行は補い切れなかったと言える。

しかし、地方のおかげで日本全体の水、空気、環境が守られているのである。恩恵を受けているところが支援して、支え合っていくべきだ。ライフライン、道路、港湾などのインフラをはじめ、IT、デジタル放送といった技術も含めて生活基盤の格差は是正していかなければならない。国民の不安を取り除くためには、「壊したあとにどんな家が建つのか」という国づくりのグランドデザインを明確に示さなくてはならないだろう。

日本という「国のかたち」を考えるとき、「簡素でも温かい政府」、「小さくても強い政府」が望ましい姿ではないか。歳出の効率化や行政のスリム化を図る一方で、社会保障など、安全や安心の分野は充実させていくことが必要だ。私は個人的に、目標達成感が得られたときに幸せを感じるが、多くの国民にとっても、機会の平等のもとに目標を設定し、努力した分だけ達成感、満足感が得られるような社会であってほしい。

そして、世界に目を向ければ、冷戦構造崩壊後の世界の中における日本のあり方、生き方を考えることが今、真剣に求められている。

私は、「経済の繁栄を通して平和と幸福を実現する」と訴えていくことが日本の道であると思う。これこそが戦後60年間、われわれ日本人が一心不乱に追求してきたモットーである。平和を希求し、過去の過ちを繰り返すまいとするわれわれの決意を、とくに韓国や中国をはじめとするアジアの人々に強く訴えていかなければならない。

相互に理解し合うためには、外国人を含む他者に対して豊かな発想力と表現力でコミュニケーションをとっていく能力とともに、相手の国の歴史や文化を互いに知り、認め合う努力も必要だ。そのためにも、日本人は日本という国のアイデンティティを明確に打ち出していくべきだろう。人は厳然としてそれぞれの国家に所属しており、固有の伝統・文化といったものと関係なく生きていくことはできない。日本の伝統は、長い歴史と風土に育まれてきたもので、芸術、生活文化、習慣、そして皇室も含め、自信をもって世界に紹介できるものである。

これらを守りながら世界の中で存在感のある国家にしていくことが、政治の務めである。

「絆」で支え合いの国をつくる

財務大臣　谷垣禎一

私は、「家族の絆」「地域の絆」を通して、国民と国家が「信頼の絆」で結ばれた社会を築くことをめざしています。「絆」は「参加」や「支え合い」と言い換えることもできるでしょう。

「勝ち組、負け組」という言葉が流行りましたが、個を確立した個々人が競争で切磋琢磨していくことは必要とはいえ、個が孤立してしまったら、たとえ勝ってもその人は幸せと言えるでしょうか。自分一人でいい思いをするよりも、皆と一緒のほうが喜びも大きいのではないでしょうか。私自身、一人で食事するより子どもたちと一緒に食べたほうがずっと楽しいですし、料理をつくる人も、人のためにつくるから張り合いも出て、やりがいを感じるのだろうと思います。

誰しも、自分を磨きながら「世のため人のためにも力を使いたい」と思っているはずです。その気持ちをうまく活かせるような世の中にしていくべきだと考えています。

小泉政権は、既得権益や過去の成功体験を壊し、そのエネルギーを物事を動かす原動力にしてきました。しかし、そろそろ「では、壊した後どうするのか」を考える時期に入っているように思います。もともと政治には、「昨日生きてきたように、今日も安心して暮らせる」ことを保障する役割と、「明日をより良くするために古い部分を変える」という役割があります。すなわち保守と革新で、そのバランスをどうとっていくかが重要になります。ここしばらくは「要らないものはすべてぶっ壊す」に集中してきたわけですが、これからはどの方向に舵取りをしていくのか、本格的な議論が必要になっていると言えるでしょう。

「世のため人のため」に役立ちたいという人々の思いを結びつけ、この国のあるべきかたちを考えていくにあたって、「絆」は大きなキーワードになっていくと私は思っています。

この「絆」を中心に、私は、今後の政治の重要テーマとして「アジア外交」「財政再建」「地域の活性化」を掲げています。

アジアとの関係は、今後ますます重要になります。世界の一大成長センターであるアジア諸国ですが、日本はその成長に少なからぬ貢献をしてきたのですから、良好な関係の中で互いにイニシアティブを発揮できなければなりません。中曽根元首相のお言葉を借りれば「日本に聞けば中国のことがわかる」、つまり日本がアジアのことを一番理解していると世界に思われるような関係を築くことが理想的だと思います。なお、靖国問題も、そうしたアジアの中の日本という関係性を考える中で議論されるべき問題であって、首相参拝という点だけ単独で、毎年、まるで8月の年中行事のように大仰に騒ぐというのは好ましくないと思っています。戦没者を追悼し、貴い犠牲を記憶にとどめるためにどうするかについては、もちろん外国に言われることではなく日本が決めることですが、決める際には、当然、外国への配慮があるべきでしょう。

財政再建については、次の世代との絆を考えていくうえで大切です。皆さんが心配されている将来の社会保障と財政再建とは、コインの裏表のような関係なのです。ですから私は消費税を社会保障のための財源と位置づけ、２０１０年代半ばまでのできるだけ早い時期に、少なくとも10％の税率とする必要があると考えています。借金が雪だるまのように増えていく社会を、次の時代を担う子どもたちにツケとして押しつけるようなことがあってはなりません。

そして、地域の活性化も、健全な国づくりを考えるためには不可欠です。地方は元気がない、もっとがんばるべきだと批判する声もありますが、自立してがんばるためには、都市と地方の間に明らかに見られる、税収の偏在やインフラの整備などの格差を調整していくことが必要です。地方が自分のよいところを見つけて魅力を発揮していくことが、国全体の活力にもつながるのです。

私の世代はかつて、貧しい世の中に対処するために、「もったいない」「お百姓さんに感謝してご飯粒一つも残してはいけない」などの倫理を教えられて育ちました。しかし、物質的豊かさに恵まれた現在の社会では、それがそのままは通用せず、時代に即した新しい倫理をまだ見出せずにいます。豊かさの陰で、自然環境や人の心が荒んでいくような社会でなく、人々が信頼し合い、さまざまな「絆」で支え合っていける、「みんなでやろうぜ」と声をかけ合える、そんな国をつくっていきたいと思っています。

国土を知ることは、自分を知ること

国土交通大臣　北側一雄

私は、小泉内閣の5年半に、当初は与党の政調会長という立場で、また、この2年間は閣僚の一人として参画してきました。そして今、思うことは、小泉総理は従来の自民党の総理・総裁とはまったく違う政治を行ってきたということです。

任期終了が間近に迫っているにもかかわらず、小泉内閣の支持率は相変わらず高い数値を維持しています。在任中を通して、これだけ国民からの支持を受けた総理はかつていません。また、その政治の内容に関しても、構造改革を格段に進展させました。これについても、後々の歴史において評価されることと思います。

ただ、次の政権に望むことがあるとすれば、東アジア地域の国々との関係をどう位置づけ、また、どのような戦略をもって対していくかということです。

みなさんもご承知のとおり、ASEANも含めて、東アジアは現在、世界でもっとも急速に経済が発展している地域です。わが国との関係においても、企業の水平分業などが進み、経済面でも年々緊密さが増していますし、人の交流も盛んになっています。こうした東アジアの国々と、今後いかに良好な関係を築いていけるかに、わが国の将来がかかっているといっても過言ではありません。

とくに中国や韓国との関係は重要です。経済面だけでなく、安全保障、学術・文化交流、観光など、多方面にわたって深い関係を築いていくことが、今後の政治の大きな役割だと思います。

また、2年間、国土交通大臣を務めさせていただいて、私があらためて思ったことは、日本はなんと美しい国だろうかということです。

というのは、国土交通省の管轄する業務は、海、山、川、空と大変多岐にわたり、また、北は北海道から南は沖縄まで、全国津々浦々に出先機関を持っています。霞ヶ関に勤務しているのは、国土交通省のごく一部です。私は、もともと現場を大切にしたいという考えを持っておりますので、なるべく自分自身でも現場に足を運ぶことを心がけてきました。それで先日、試しに、この2年間に訪ねたところを数えてみたのですが、47都道府県のうち40近くの都道府県を訪れていることがわかり、自分でも驚いたくらいです。

そうして日本全国にうかがっておりますと、しみじみと日本という国の国土の美しさを感じます。ただ、その美しさは、国土の脆弱さと裏腹なものでもあるわけです。高い山があり、川がある、そして雨が多く水量が豊富であるということは、常に川の氾濫と背中合わせの生活をしているということです。温泉があるということは、火山の噴火や地震の被害を受けやすいということです。要するに、日本は美しい国土を持つと同時に、災害に見舞われやすい国でもあります。そうした災害の起きやすい国土から、国民のみなさんの生命と財産を守る仕事をしているのが国土交通省です。

もう一つ、国土交通省の重要な仕事としては、道路などの社会インフラの整備があります。やはり先日の話ですが、高知県を訪ね、四万十まで行きました。そして、土佐の海と四万十の自然のすばらしさ、土地でとれた食べ物のおいしさを満喫させていただきましたが、いかんせん遠い。しかし現在計画中の道路ができれば、高知空港まで1時間、松山空港へも2時間で行けます。

地方道路については、「あんなものは無駄だから、切り捨てろ」というような議論があります。けれども、地方には、その地方でやらなければならない社会インフラの整備があります。問題は、無駄か無駄でないかではなく、限られた予算の中でどう優先順位をつけていくかだと思います。それを考え、国民のみなさんに明らかにしていくのが政治家の役割です。

地方を東京と同じにしても仕方がありません。これだけ変化に富んだ美しい国土を持つ日本の、その地方、地方の特質を生かして、安全で安心な暮らしをつくっていくことが、この国の将来のあり方でもあると考えます。

また、現在は、何が幸せかがわからない時代だといわれます。何が幸せかは人によってちがうでしょうが、一つだけ言わせていただければ、国土を知ることは、自分を知ることです。自分の住む地域や国土の特質、風土、歴史、そういったものと自分との関わりを再認識することで、自分にとってのベストな生き方や幸福とは何かが見えてくることもあるのではないでしょうか。

私自身については、何か困難なことを乗り越えたときの充足感に幸福を感じます。幸いにも、政治家というのは困難な出来事に事欠かない仕事です。これからも困難にぶつかりながら、国民のみなさんの安全と安心を守るという使命と責任を果たしていきたいと考えています。

人間力＋地域力＝日本力

防衛庁長官　額賀福志郎

バブル崩壊後の十数年間、日本は進むべき方向を見失い、人々は自信を持てずにいた。迫り来る少子高齢化の波も、将来への不安や焦りを募らせた。その中で、橋本内閣は「六大改革（行政・財政・社会保障・金融・産業構造・教育）」を断行するなどのチャレンジで活路を開こうとしたが、後遺症を思う当時は急激な処置を避けソフトランディングせざるをえず、トンネルの出口はいまだ見えなかった。そんなとき、今までのやり方を一切否定し、大胆なショック療法を引っさげて華々しく登場した「変人」。小泉首相の行動は、時代の要望にまさに合致していた。

小泉改革の大なたは、既得権益を打破し、旧来の〈官〉に風穴を開けただけでなく、〈民〉も自ら改革に取り組む環境をつくったため、不良債権の処理も確実に進んだ。その甲斐あって、経済は一応の回復をみた。また、国際テロへの毅然とした態度を明確にし、有事立法、国民保護法などを成立させたことは、日本の安全保障体系全体を前進させたと思う。こうした点から、小泉改革は一定の成果があったとして評価されてよい。

では、何が問題なのか。それは、日本を国際競争力のある国にしようと市場原理、競争原理をあまりにも優先したために、無理が生じていることだろう。冷戦終焉後、かつての自由主義陣営以外の世界諸国が競争相手となった中で豊かさを維持していくには、勝ちすぎないまでも負け続けるわけにはいかない。だから競争が激化し、その結果、国のあちこちで問題が起きている。

今、欧米同様の基準で市場原理を貫いていけば、必ず格差が生まれる。その格差を日本流に埋め合わせていくことが求められている。日本には日本の文明、文化があり、日本型の資本主義、日本ならではの幸せのかたちがあるはずである。たとえば、仕事を通じて人格を磨き、仕事によって人様の役に立つ、それによって生き甲斐や活力が生まれる。利潤はあくまでその結果として生まれるもので、目的ではない。経済の合理性のみを追求する資本の論理もあるが、金もうけのためには手段を選ばないという手法を認めるわけにはいかない資本の倫理もある。これこそが日本独自の社会原理である。日本は宇宙や自然と一体になるアニミズムの国だからである。自然を支配し利用する欧米とは異なる、共生の思想が根本にある。

私は、こうした日本の特性を生かした国づくりを考えるべきだと思う。それは、ソフトパワー、すなわち非軍事、非安全保障の分野において、「日本力」を高めることだ。

日本力の要素は、まず第一に「人間力」である。人材こそ、この国のもっとも重要な資源なのだ。明治初期、海外へ留学や視察に出かけた元勲たちが、その礼節の高さ、勤勉さ、謙虚さ、献身的態度などで各国の敬意を受けた日本人の美徳は、現在も、イラクに派兵された日本人自衛官たちの中に生きていた。こうした長所を日本人の力として、次代に伝えていかねばならない。ただし、人に優しく己に厳しい、思いやりのある人間を育てるには、ただ知識を教えてもだめである。生きる力、考える力は社会でいろいろな人と交わる中で身につけていくものだ。人生80年という長い時間を社会で他人と交渉しながら生きていくには、学校教育制度を含め根本的な教育改革が必要だろう。

第二に「地域力」である。各地域の活力と魅力を十分引き出すには、大都市でなく、市町村という細かすぎる単位でもない、ブロック的な自立した経済圏をつくるのがよい。江戸時代、藩によるゆるやかな連合国家だった日本には、地域主権、地方自治を機能させる素地があるはずだ。

人間力と地域力で高められた日本力は、日本国内のみならず、外交においても貢献するだろう。とくにアジアの発展は、日本の安定と繁栄にもつながる。アジアの一員として、日本はアジア諸国と同じ目線で共創・共生をしていくことが大切であり、自然を愛し、隣人を思いやり、互いに良くなるという日本人の哲学は、世界に大きな影響を与えるはずである。

20世紀は、日本にとって先進国へのキャッチアップの時代であった。そのときは官民が一丸となり、同じ目標に向かって、同じ方法で前進した。官僚主導の政治のもと、会社や組合などの組織活躍する時代であった。しかし、21世紀は個人が輝く時代になるだろう。個性の異なる一人一人が、夢と志をもって生きていけるような日本を創っていかなければならないと思う。

時代の申し子として、官僚政治をぶっ壊すべく登場した小泉首相だが、真の政党政治を回復するという目的についてはまだ道半ばだ。今こそ「日本力」を活かした改革によって、日本らしい幸せのかたちのある国づくりを進めていくことが求められている。

検証・小泉改革

ジャーナリスト　櫻井よしこ
消費社会研究家　三浦　展
マンガロール大学客員教授　森尻純夫
兵庫県立大学助教授　赤井伸郎
東京大学大学院教授　松原隆一郎
慶應義塾大学大学院教授　曽根泰教
前経済同友会副代表幹事　渡邉正太郎

2004年

●官から民へ・国から地方へ
郵政民営化の着実な実施
規制改革・民間開放の推進
地域の真の自立
予算制度改革の本格化
公的責務管理の充実
行政改革
包括的かつ抜本的な税制改革
人口減少化での成長戦略の確立
起業等の促進と新しい企業法制
金融システムの一層の改革

●「持続的な安全・安心」の確立
社会保障制度の総合的改革
少子化対策の充実
健康・介護予防の推進
治安・安全の確保
循環型社会構築・地球環境保全

●地域再生
都市再生の総合的な推進
地域の基幹産業等の再生・強化

●雇用・人材育成施策
職業教育の強化、若者自立プラン
地域主導の雇用政策
労働移動の円滑化等

●「新産業創造戦略」の推進
公正取引のためのルールの強化
経済連携・対日直接投資促進
IT戦略推進・科学技術創造立国
知的財産の創造・保護・活用
中小企業の革新と再生

2005年

●小さくて効率的な政府
郵政民営化
政策金融改革
政府の資産・債務管理の強化
国から地方への改革
官業の徹底的な民間開放
予算制度改革
国・地方の徹底した行政改革
公務員の総人件費改革

●新しい躍動の時代の実現
歳出・歳入一体改革
国民の安全・安心の確保
持続的な社会保障制度の構築
次世代の育成
人間力の強化
グローバル戦略の強化

2006年

●成長力・競争力を強化する取り組み
国際競争力の強化
ITとサービス産業の革新
地域・中小企業の活性化
改革の断行による新たな需要創出
生産性向上型の5つの制度インフラ規制改革
市場活力や信頼の維持と向上
公を支えるシステム改革

●財政健全化への取り組み
歳出・歳入一体改革
「簡素で効率的な政府」への取り組み

●安全・安心の確保、柔軟社会の実現
社会保障制度の総合的改革
再チャレンジ支援
総合的な少子化対策の推進
生活におけるリスクへの対処
豊かな生活に向けた環境整備

「骨太の方針」の変遷（小泉政権の2001年～2005年）

2001年

●構造改革と経済の活性化
不良債権問題の抜本的解決
経済の再生
財政構造改革

●新世紀型の社会資本整備
硬直性の打破
事業主体としての国と地方
効率性／透明性の追求
経済・財政との整合性

●社会保障制度の改革
国民の「安心」と生活の「安定」
医療制度の改革
介護
子育て支援

●個性ある地方の競争
地方の潜在力の発揮
自立した国・地方関係
地方の自律的判断の確立
地方財政にかかる制度の抜本改革
地方財政の健全化への取り組み

●政策プロセスの改革
中期的な経済財政計画の策定
プライマリーバランス目標の達成
予算編成プロセスの改革

2002年

●経済活性化戦略
人間力戦略
技術力戦略
経営力戦略
産業発掘戦略
地域力戦略
グローバル戦略

●税制改革
低迷する日本経済と税制改革
税制の現状認識
目指すべき経済社会の姿
税制の3原則
税制改革の視点
税制改革の進め方

●歳出の主要分野における構造改革
社会資本整備のあり方
社会保障制度
国と地方
食料産業の改革
特定財源のあり方の見直し
公的部門の効率化

2003年

●構造改革への具体的な取り組み
規制改革・構造改革特区
資金の流れと金融・産業再生
税制改革
雇用・人間力の強化
社会保障制度改革
「国と地方」の改革
予算編成プロセス改革

様々な政策課題に取り組んだように見えるが、その実態は？

＊すべての年度の「骨太の方針」で掲げた「国と地方」の改革（三位一体改革）と社会保障制度改革（年金制度改革）、そして小泉改革の目玉の一つである道路公団民営化と郵政民営化について、次頁に流れをまとめてみた。

小泉改革のアップ＆ダウン（1）

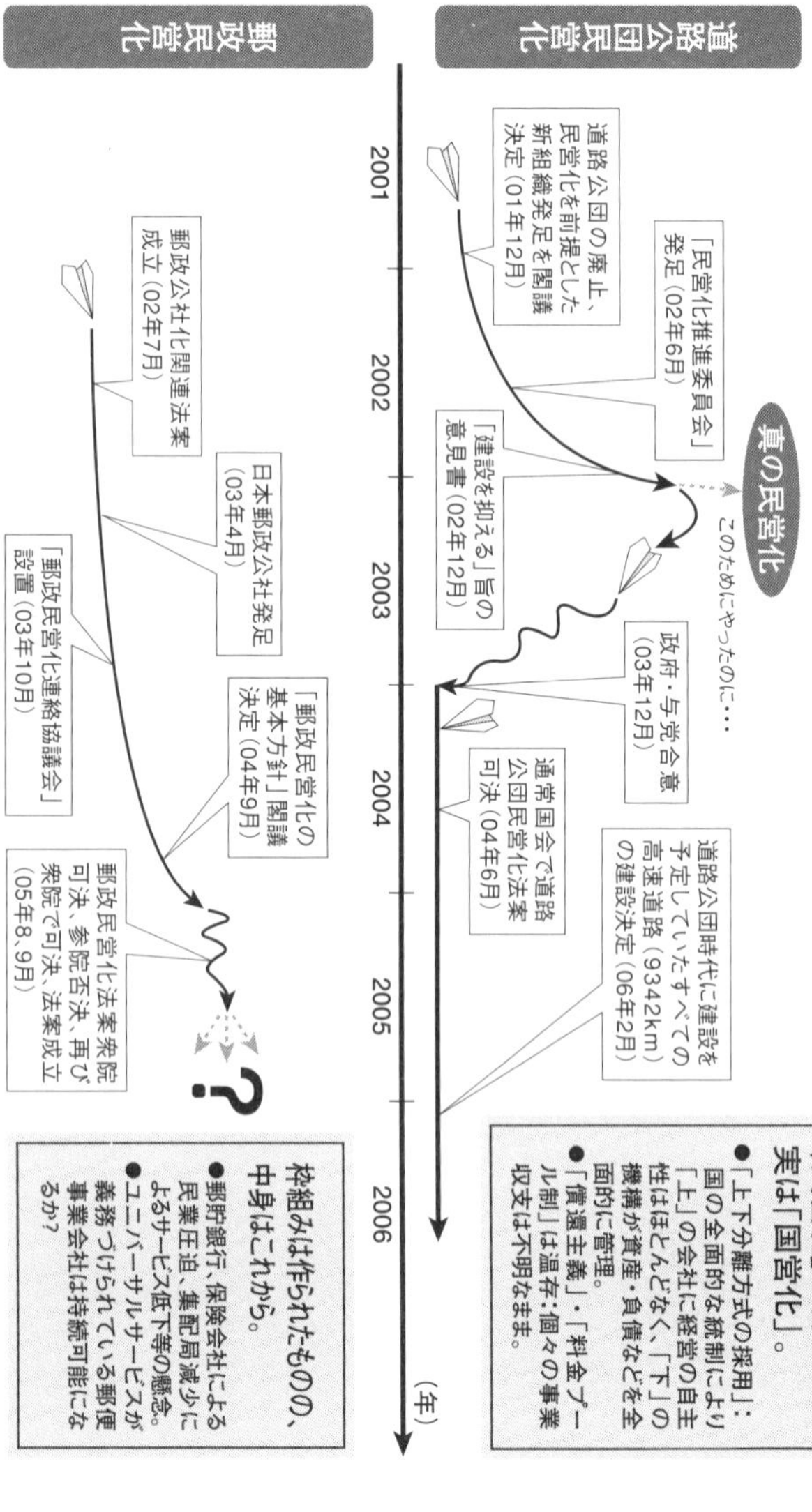

小泉改革のアップ&ダウン（2）

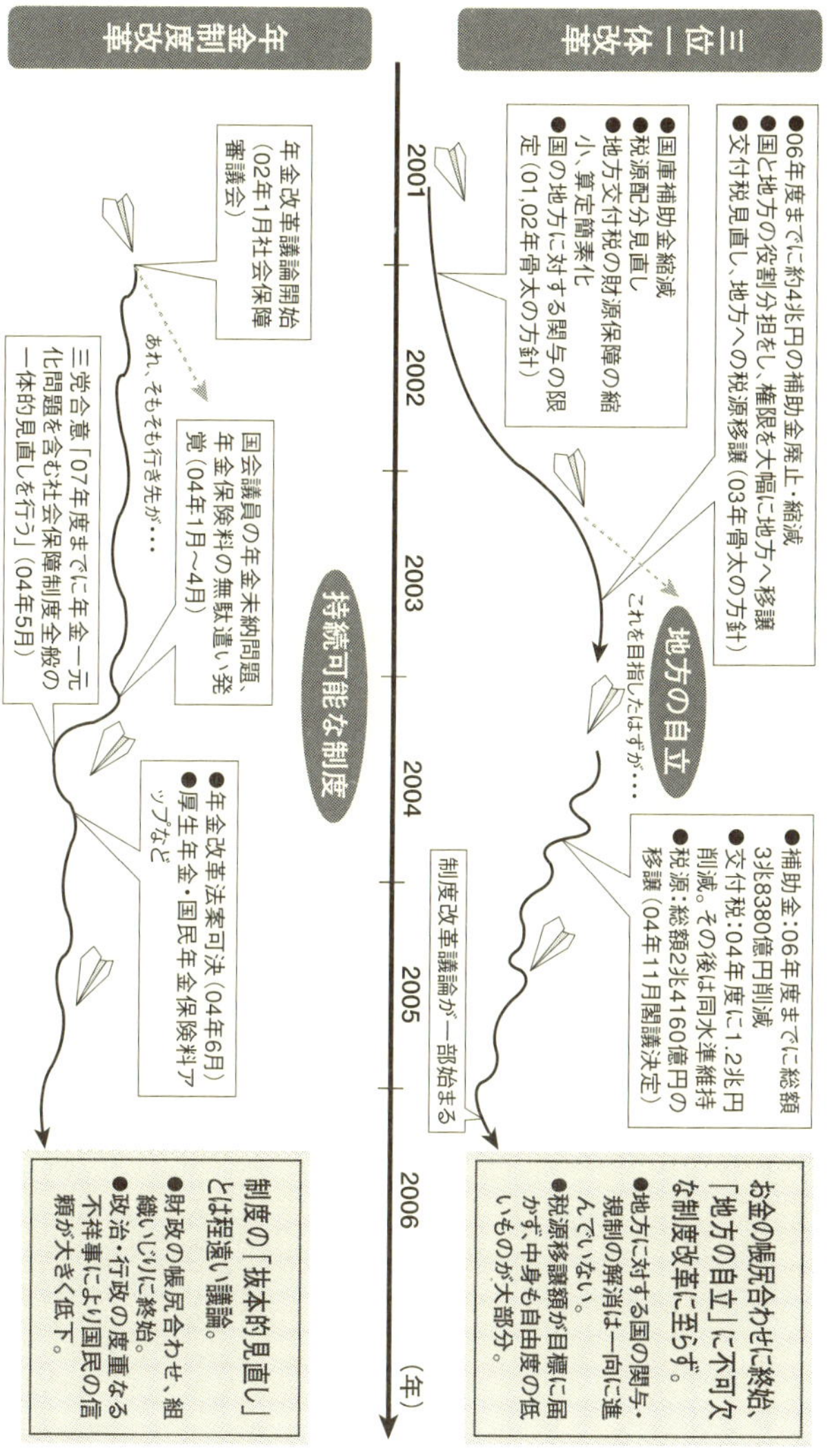

道路公団

道路公団改革は何を残したか

ジャーナリスト　櫻井よしこ

はじめに——小泉首相は何を壊し、何を変えられなかったのか

2001年4月、小泉首相は「自民党をぶっ壊す」をスローガンに内閣総理大臣になった。国民の多くは社会の至るところで「閉塞感」を感じていた。だからこそ、自らが総裁となる党を「ぶっ壊す」と叫ぶ風変わりな宰相に「現状打破」を期待した。そして異常なまでに高い支持率のうちに小泉政権はスタートした。

「閉塞感の打破」で国民の支持を得たことからも、小泉首相が構造改革を政権の中心課題の一つにしたのは当然のことであった。そして構造改革の具体的対象の一つとして道路公団改革を掲げたことは極めて適切なことであった。道路公団が実施主体となって進めてきた高速道路建設は、国民全体の必要性や負担といった問題を抜きに、もっぱら政官業の相互利益のみを考えてきたために、返済困難な多額の債務、高額な料金、道路公団業務の不効率性、不透明性といった大きな問題をすでに生み出していた。また高速道路は「政官業がいわば『権力の秘密』を共有することによって庇いあって腐る」（早野透氏：朝日新聞2003年10月15日）とされた田中［角栄］的自民党を象徴

するものであった。

したがって道路公団改革は、田中角栄が築いた自民党を「ぶっ壊す」と同時に、肥大化・硬直化した「官」をスリム化し、膨大な額に達した財政赤字の縮小に糸口をつけることを意味する。小泉首相は「道路公団は民営化する」として、この問題に切り込んだ。それを象徴するように見えたのが、作家の猪瀬直樹氏も含んだ7人の委員で構成される「道路関係四公団民営化推進委員会」の発足（2002年6月）であった。古賀誠衆議院議員を筆頭とする自民党の道路族＝抵抗勢力の反対を押し切っての人選は、「小泉首相は本気で道路公団改革をする気だ」という空気を生み出し、国民の期待は高まった。

そして4年が経った。四つの道路関係公団は解散し、日本道路公団を3分割したうえで六つの株式会社ができた。しかし、2006年2月に開かれた国土開発幹線自動車道建設会議では、一部の区間を国交省が税金でつくる前提で、道路公団時代に建設を予定していたすべての高速道路（9342㎞）を建設する方向が決まった。真っ向から対立していたはずの道路族からは改革について何の不満も出てこない。それでも小泉首相は「道路公団の民営化は大きな成果だ」と言い張る。

9342㎞の高速道路の建設が止まらなかったことを目の当たりにすると、我々には小泉首相が「ぶっ壊す」とした古い田中角栄的自民党も「道路は政治がつくる」という古いシステムもほとんど無傷で残ったとしか思えない。それでも成功だという小泉首相は、道路公団改革でいったい何を壊したというのだろうか。そしてそのことをどう評価すればいいのであろうか。

1　改革の課題

（1）小泉首相は課題をいかに認識したのか

小泉首相がスローガンとして掲げた構造改革は空文句であって、彼は実は何もわかっていなかったのではないかという指摘がある。私は以前これについて「［小泉首相には］総理大臣になったとき、『これをしよう』という考えはなかったと思うのです。……ですから〈改革〉の中身がないことも当然なのかもしれません」と書いた（「権力の迷走」『月刊現代』2004年8月号、32ページ）。また、民営化委員会の委員長代理を務め、2003年12月に政府・与党合意を批判して委員を辞任した田中一昭氏は「結局のところ、小泉総理は何も分かっていないのだ」と切り捨てた（『道路公団改革　偽りの民営化』WAC、2004年、254ページ）。

道路公団改革作業が具体化する前の2001年5月に、石原行革相（当時）は、小泉首相が彼に「［道路公団は］民営化だ。民営化すれば、不採算な道路などやるわけないからな」と語っていたことを記者に紹介している。これが事実なら、小泉首相は少なくとも当時は「不採算路線の建設を止める」ことを改革の目標としていたことが想像できる。ただ小泉首相は民営化の具体的内容を示すことはついになかった。このことは彼が、民営化さえすれば「不採算路線の建設を止める」ことができると考えていたことを意味するのかもしれない。しかし株式会社が建設管理している関西空港が必要性のない投資を続けていることを考えただけでも、民営化自体は不採算路線の建設の停止を直ちに意味しない。反面、肥大化した道路公団の分割や通行料金の値下げは必ずしも道路公団の民営化を必要とするものではない。

民営化で解決しなければならない問題は何なのかということは結局ほとんど議論されなかった。つまり民営化の目的が明らかにされることなく、逆に民営化は自己目的化された。おそらくこれが道路公団改革に関しての小泉首相の最大の誤りであった。

さらに「不採算路線の建設を止める」という改革は高速道路建設にかかる道路族政治家と官僚支配の仕組みそのものをなくす構造改革であることを小泉首相はよく理解していながら、途中からその実行を放棄したのではないか。この構造改革は吉野源太郎氏が言うように「条件闘争的改良主義では実現し得ない」のである（日本経済新聞、２００４年４月18日）。果たして、小泉首相に本当に壊す覚悟があったのであろうか。

（2）道路公団改革の課題は何であったか

道路公団の問題については「第二の国鉄」論、「粉飾決算」論、「利権の巣窟」論などさまざまな言い方がある。それらをひっくるめると、結局、採算性を度外視して、もっぱら政治家や業界、そしてＯＢを含めた「身内の利益」のために、道路を建設し管理していることになる。いわば「親方日の丸」の野放図な無責任な経営こそが道路公団の抱える根本的な問題であった。

コスト意識の欠如を制度面で支えたのが、「償還主義」と「料金プール制」である。償還主義とは、40年から50年先という遠い将来に借金が返せればいいとするものであり、料金プール制とは全国の高速道路の収支を合算するというものである。これには二つの意味がある。一つは、先行して建設され採算性もいい東名・名神といった路線の黒字分を、不採算路線の赤字の埋め合わせに回すということである。もう一つは、「換算起算日」という仕組みをとるために、新しい路線が開通するたびに、償還期間の計算上のスタートの日（＝起算日）がどんどん後にずれていくということである。名神高速道路の開通日は１９６３年であったが、道路公団の最終の償還計画ではこの換算起算日はなんと、２０００年になっていた。この40年間で換算起算日は37年も繰り下げられたのである。その結果、採算性の検証はいつまでたってもできないということになる。そしてそれを悪用してさらに不採算路線がつくり続けられるのである。

道路公団は「第二の国鉄」化するのではないかという懸念が早くからあった。「親方日の丸」で採算性を無視した政治路線の建設、その背後の政官業の癒着と官僚支配、利用者を無視した非効率な業務運営とその結果の高額な通行料金等からその懸念が生じた。実際、その通りであった。そしてさらに悪いことに、上に述べた、償還主義と料金プール制のために、採算性やひいては財務実態がわからなくなっていた。この点に関しては「国鉄以下」であった。したがって、道路公団改革にあたっては、「第二の国鉄」化を招来する諸要因を取り除き、経営の透明性を確保するために、償還主義と料金プール制を根本的に見直すことが必要になる。

「親方日の丸」をなくすためには、そして「官僚支配」に終止符を打つには民営化しかなかった。逆に民営化は「親方日の丸」を排除するための方策であるから、民営化にあたっては、単に「公団」という名称を「株式会社」に替えるのだけではすまない。まずもって高速道路の建設管理を政治の関与、官僚統制から切り離し、新しい投資にも、コストの削減にも市場からの規律が厳しく働くスキームにしなければならなかった。そこでは、遠い将来にならなければ採算性の検証ができないという償還主義と料金プール制など生き残る余地はない。

「不採算路線の建設を止める」ことはこうしたスキームのもとで初めて可能になるのである。またこうしたスキームを実現できない限り、これまでの仕組みの見直しという意味での「改革」は実現したことにはならない。

2　改革の現実過程

(1) 民営化委員会の意見書の採決まで

2001年の暮れに道路関係四公団は民営化すると閣議決定された。その組織のあり方等を検討する民営化委員会が2002年6月に発足した。民営化委員会はまもなくして次の2点をめぐって激しい対立に陥った。

①高速道路建設続行を可能とするスキームか、債務の返済を最優先させるスキームとするか

②国費負担を回避するために、道路資産は国の機関が保有しその管理は民営化会社が行う「上下分離」とするか、経営の自立性を確立するために、民営化会社が道路資産も保有したうえでその管理を行う「上下一体」とするか

この対立が生じたのは、民営化の目的が明確になっていなかったこと、もっといえば道路公団改革の課題がしっかりと認識されていなかったことによる。

民営化委員会の委員の中には道路族や道路官僚に近い意見を持つ者もいたから、「民営化」の目的が明示されない限り、意見が集約できるはずがない。この二つの問題をめぐる委員間の対立は、会議の進行の中で解消するどころか先鋭化していった。

民営化の基本的方向を示すためにはどうしても委員会としての意見を決める必要があった。11月末には、新規建設の抑制と最終的な上下一体を求めた「松田案」（松田昌士委員が中心となってとりまとめた案）と建設の容認と期限を定めない上下分離を内容とした「事務局案」（今井敬委員長が委員会事務局に指示して作成させた案）の二つが出てきた。

このとき小泉首相は今井委員長に対して、「両論併記でいいからまとめてくれ」と語っている

（今井氏の発言、読売新聞２００６年５月８日）。両論併記になれば、委員会の意見はまとまらなかったとして、道路族や道路官僚にいいように利用されることは明らかであった。その中での「両論併記で差し支えない」という意思表示である。さらにこのころ「松田案でいいじゃないか」と小泉首相に進言した塩川正十郎財務相（当時）に対して、首相は「松田案とはなんだ」と尋ね返した。このことは、小泉首相が道路公団改革にほとんど関心を持っていなかったことを意味している。

当時、小泉首相が民営化委員会の意見書に関して「国会を通るかどうかは考えてもらわなくていい」と記者団に語ったことを、「自民党の抵抗勢力や反対する野党と『捨て身で対決する』とあらためて覚悟のほどを示した」ものと評した者がいたが（田原総一郎氏、『週刊朝日』２００２年12月20日号）、これほど的外れの評価はない。この問題に対するその後の首相の無関心をみるならば、小泉首相はこの時点で民営化委員会の意見書の内容には関心を失っていただけのことにすぎない。

民営化委員会は２００２年12月６日、最後まで裁決による決定に抵抗した今井委員長が辞任したあと、多数決により松田案を委員会の意見書とした。この意見書は次のような特色を持っていた。一つは、10年後に会社は道路資産を保有機構から買い取って普通の会社として「民営化」すること。そして次に「新規の道路建設に関してである。これに関しては、改革直後から、即座に『民営化』になるということになった。意見書では、既存の道路は10年間上下分離となるが、新たに建設する道路は資産も負債もすぐさま直接に会社が抱えることになる。したがって借金の返済も会社が直接負う。こうなると儲からないと誰も投資しない」（屋山太郎氏『道路公団改革の内幕』ＰＨ

P、2004年、75ページ)。

(2) 意見書の採決以降

小泉首相の無関心は、民営化委員会の意見書を受けたあとの法案作成の過程でも変わらなかった。小泉首相は国交省に法案作成を丸投げした。国交省に丸投げすればどういうことになるかわかっていたはずである。国交省は、民営化10年後の会社による資産買取を「道路は公物」とする道路行政の基本理念に反するものとして、なんとしてもこれを排除しようとした。また道路族は、新規の高速道路建設を事実上不可能にする「新規建設は会社の自己判断」に猛烈に反発していた。民営化委員会の意見書は骨抜きにされる危険性が極めて高かった。

実際、新聞では再三にわたって、国交省は民営化委員会の意見書を無視する法案を作成しつつあり、このままでは改革は危うくなると報じられた。たとえば、朝日新聞は2003年9月13日に以下のように報じた。

道路関係四公団の民営化について国土交通省がまとめた関連法案の概要が明らかになった。……国交省案では国主導で建設を続ける仕組みを維持。現在の方式と実質的に変化はな[い]……。/……国交省は国が決める予定路線や整備計画を位置づけた「国土開発幹線自動車道法」と「高速自動車国道法」を改正する考えはない。/このため、国主導の建設が続き、民間企業の経営判断は働かない仕組みとなる。

また日本経済新聞は2003年10月19日の社説で「小泉首相が［法案の作成を国交省に］丸投げしたままであれば、自立した新会社をつくる本来の民営化は不可能である。特殊法人が公団に置き換わり赤字の道路をつくり続けることになりかねない。結局は債務返済は不可能になる」と小泉首相の姿勢を批判した。この報道に対しても首相は静観を決め込んだ。いつも「民営化推進委員会の意見書を基本的に尊重する」と繰り返すだけであった。

危機感を抱いた田中委員長代理は、国交省が法案の基本的枠組みを決める直前（2003年12月初め）に、小泉首相に「民営化委員会の意見書の基本が無視されるようでは委員を辞任する」と迫った。日を置かず、塩川前財務相も小泉首相に対して「いかなる形でも料金収入を新規路線の建設にあてないこと。民営化後一定の時期に上下一体とすることを法律に明記すること」が民営化の核心だと進言した。小泉首相は田中氏に対しては「自分を信じてくれ」と言い、塩川氏に対しては「わかった」と言ったと伝えられる。

しかし、2003年12月22日の政府・与党合意では、上下分離は固定化され、プール制を実質的に拡大した上で現行と同様の償還主義のもとで事業は継続されることになった。また新規路線は完成するごとにすべての資産・債務を独立行政法人たる保有債務返済機構が引き受けることとされた。採算性を無視して建設されたことで悪名高い東京湾アクアラインとほぼ同じ手法である。東京湾アクアラインは民間会社（東京湾横断道路株式会社）が自分で資金を調達して建設し、橋ができ上がったらその資産と建設に要した費用（債務）は全部日本道路公団が引き受けることとされた。これと同じである。かくして「親方日の丸」は堅持されることになった。

小泉首相はこの政府・与党合意を「大きな成果」とした。彼は田中、塩川の両氏を平然と裏切り、民営化委員会の意見書を骨抜きにしたものを「大きな成果」としたのである。これに抗議して田中、松田の両委員は即日委員を辞任し、川本裕子委員も以後の委員会を欠席することを宣言した。

民営化委員会は、今井委員長の辞任による「第一次空中分解」に続いて、「第二次空中分解」を起こすことになった。第一次分裂の際は建設容認派＝守旧派が退場した。しかし第二次分裂では、建設抑制派＝急進改革派が全員席を蹴った。この事態をも小泉首相は静観した。この静観は、道路公団改革についての無理解か諦めのいずれか、あるいはその双方を示すものであろう。

道路関係四公団の民営化法案は２００３年12月の政府・与党合意に基づいて作成され、国会でもほとんど大きな議論となることなく、２００４年６月に成立した。それを新聞は「小泉改革の空虚さ見る日」（毎日新聞社説）と報じた。

3　改革の結果と評価

（1）変わったこと、変わらなかったこと

多くのマスコミや論者は「小泉首相の道路公団改革は失敗した」と断じたが、当の小泉首相も一部の論者も依然として「大きな成果」だと主張している。それを検証するためには、今回の「民営化」で何が変わり、何が変わらなかったのか、変わった後の仕組みは果たしていかなる内容の「民営化」なのかを見る必要がある。

変わったのは、上に述べた東京湾アクアライン型の建設方式の採用の他、以下の諸点である。

・四公団は廃止され、旧日本道路公団の事業を引き継ぐ三つの会社を含めて六つの株式会社が設立された。株式は当面旧公団の出資団体（国と地方公共団体）が保有する
・四公団の道路資産と負債のほとんどは日本高速道路保有・債務返済機構が引き継ぐ
・会社は機構の保有する道路資産をリース契約で借り受け、保有機構は会社から受け取るリース代で債務を返済する。リース代金は会社が通行料金から利益を上げないような価格に設定される
・債務の償還期限は民営化後45年と法律に明記された
・六つの会社と保有債務返済機構の経営トップは官僚や公団出身者ではなく、民間経営者から選ばれた
・日本道路公団が建設を予定し、民営化会社が引き継いだ新規の高速道路の建設費は大幅に減少された
・ＥＴＣ（料金自動収受システム）割引の拡充により実質料金負担は軽減された

これが「民営化」の成果であるという主張には賛成できない。新規の高速道路の建設はこれまでのように国交省が道路公団に命令するのではなく、民営化会社と保有機構との協定によるものとなったが、会社は保有機構とのリース契約で経営の実権を保有機構に握られている。したがって新規路線の建設に関する協定における会社の「自主性」は絵に描いた餅である。また新たに建設した道路にかかる債務はすべて保有機構が引き受けてくれるのであるから、協定を結ぶ際に建設を拒否する理由もない。保有機構は経営に市場の規制を受けない独立行政法人である。保有機構とその背後にいる国交省の意のままに高速道路の建設は進められていく。これは「親方日の丸」が生き残ったことを意味する。この方式には、むしろ従来の公団方式以上に経営責任の所在が不明確になるという特徴がある。

会社と機構のトップに民間経営者が就いたことは、それだけで民営化の成果とは言えない。単に経歴上企業出身の人がトップになっても、政治の干渉を排除できなければ、自律的経営は不可能である。旧建設省の事務次官であった藤井治芳・日本道路公団総裁が民営化に抵抗したとして更迭されたあと、「民間経営者」として近藤剛参議院議員が日本道路公団の総裁に任命され、さらに民営化後は中日本高速道路株式会社の会長に就任した。しかし、近藤氏は現実には国交省や道路族に追随するのみだったのである。

ＥＴＣ割引による料金負担の軽減は民営化とは何の関係もない。また民営化会社が予定する新規道路建設費用が減少したことも民営化の成果とは言えない。これには三つの理由がある。

第一に、コストや冗費の削減それ自体は、官であれ民であれ、当然のことである。むしろこれが強制されなければならなかったことのほうに問題がある。第二は、民営化会社が負担する建設費の減少のかなりの部分が、新たに導入された制度である国交省自身による高速道路の建設（「新直轄」と呼ばれている）によるということだ。そして最後はこの建設費の削減がまだ机上のプランであって、検証はかなり先にならなければわからないということである。旧道路公団時代には建設費はいつも計画値よりも膨らんだ。それを償還主義とプール制が隠蔽していた。その償還主義とプール制は無傷で残った。したがって、計画上は削減されることになった建設費がそのまま実現する保証はどこにもない。

「親方日の丸」を制度的に支えてきた償還主義と料金プール制は何も変わらなかった。日本道路公団は三つの会社に分割されたが、高速道路の債務は全路線をまとめて保有機構が45年かけて償還することとされたからだ。それどころか、これまで高速道路の料金プールの対象外であった一般有料道路（東京湾アクアラインや第三京浜、京滋バイパス等）までが高速道路と1本の償還計画に組み込まれたことによって、料金プール制の対象は拡大してしまった。民営化によって、いわば「丼が茶碗になった」のではなく、「丼が洗面器になった」のだ。

北城恪太郎・経済同友会代表幹事は、「今の改革案は『道路公団は巨額の借入金を抱えているが、不採算の路線が造られている』という問題の歯止めにならず、単なる民間委託的な民営化になっている」と批判した（読売新聞2004年1月8日）。このことが2006年2月に開かれた国土開発幹線自動車道建設会議で改めて確認された。旧日本道路公団に建設の命令が出されていた934 2㎞の高速道路は、北海道東部の一部区間（68㎞）と第二名神の一部区間（35㎞）の着工を当面見合わせるとしただけで、あとは全路線を着工することとされた。会議の翌日の各新聞には、「高速道路は全線建設」の文字が躍り、「不要な高速道路はつくらない」としたはずの小泉首相の道路改革が完全に破綻したことが報じられた。

この会議の委員である日本経団連の奥田会長は「議論を聞いて失望した。民営化会社の人が経営に責任を持つということが欠落している」と述べたと伝えられたが、毎日新聞はこれを「当然の指摘だが、民営化の過程から、そういう会社になるように設計されている」と切り捨てている。的確な指摘である。かつての道路公団は経営に責任を持たなかった。今回の民営化は公団を民営化する一方で、民営化会社が経営責任を負わないことですむように設計された。そうしなければ今後の高速道路の建設は不可能になるからだ。

この会議は、小泉首相の「民営化さえすれば不採算路線の建設を止めることができる」との考えが誤りであったと証明したことになった。「親方日の丸」と「償還主義と料金プール制」を変えることができなかった結果である。

この名ばかりの改革を「成功」と評価したのは「権力の道化」と化した猪瀬氏ぐらいなものである。

(2) 民営化しなくてもできたことを「民営化の成果」とする意味

道路公団の解体と民営化会社の発足の過程での「変化」は民営化の成果とは呼べないことは上述の通りである。小泉首相の道路公団改革はマスコミなど日本中が大騒ぎした挙げ句、形だけで終わってしまった。これは、不採算路線の建設を停止するという民営化の目的を小泉首相が途中で放棄した結果としか思えない(注)。そしてそれにもかかわらず、「民営化」自体は「成功」したとしなければならないことから、これ(民営化の本来の目的を実現できなかったこと)を隠蔽するために、民営化とは直接関係のない事項や、果ては「サービスエリアに〈スタバ〉ができた」ことまでもが「民営化の成果」と謳われたのである。しかしその「成果」なるものは、現実には既存のスキームの「改善」にすぎない。道路公団の分割にせよ、建設費の削減にせよ、公団のままでの手直しで十分に可能なのである。

こうした事態を捉えて、佐々木毅・東大学長(当時)は「この政治的大芝居によって多くの国民はみごとにたぶらかされた」とし、「この程度の改革であればさしたる政治的抵抗なしに実現できたはずであり、政治的な仮想敵をつくったりして大騒ぎをする必要はなかったに違いない。要するに、この政治的空騒ぎに目をくらまされたのであった」と指摘した(東京新聞2004年3月14日)。民営化委員会委員だった川本氏も「2003年末に政府案として決定された最終結果は〈大山鳴動してねずみ一匹〉に近く、首相直属の民営化委員会がなくとも、コスト削減など国土交通省内の審議会で十分に提案しえた改善内容にとどまったものといえます」と批判した（『日本を変える――自立した民をめざして』中央公論新社、２００４年、１１５ページ）。

先に、道路公団改革に取りかかるにあたって小泉首相は、民営化さえすれば不採算路線の建設を止めることができると誤解していたこと、不採算路線の建設を止める＝高速道路建設にかかる官僚支配の仕組みそのものをなくす構造改革であることを看過していたことを指摘した。この二つがあいまって、道路公団改革を「劇場化した」と言われるまでに混乱させ、政治的空騒ぎを起こし、そして仕組みを変える構造改革ではなく、仕組みの枠内での改良を「改革の成果」と主張する結果になった。

しかしこの程度のことを、大がかりな改革の成果＝民営化の成果として自画自賛したことが、この「改革」をさらに惨めなものにする。民営化の本来の目的とは無関係なことが民営化の成果として語られ、その本来の目的が隠蔽されることは、「民営化」という言葉に対する国民の思いにひどいダメージを与えるからだ。今回のような「変化」が「民営化」であるならば、「民営化」など無意味なことだと思ってしまっても、それを非難することはできない。この点で、小泉首相の罪はあまりにも大きい。

注　鈴木棟一氏は『週刊ダイヤモンド』２００２年12月21号で、あるベテラン記者が、「小泉は途中から古賀と手を組んでいて、どんな答申が出ようと党に投げるボールは決まっている。要は必要な道路はつくる、ということ。その意味では今井も猪瀬もピエロといえる」と語っていたことを紹介している。小泉首相にとっては、道路族＝抵抗勢力との対立が鮮明になり、その中を自分が一人で果敢に改革を進めていくというイメージがつくられた時点で、道路公団改革は完成していたのかもしれない。そう考えれば、石原行革相に言ったとされる「民営化すれば、不採算な道路などやるわけないからな」という言葉も、道路族を挑発しただけのことだったとも思える。

格差社会

「新卒全雇用政策」で格差是正社会へ

消費社会研究家　三浦 展

「格差の拡大」は、現在、小泉政権批判の合言葉のように使われている。これについて、「格差は広がっているのか」という事実判断、および「格差は広がってもいいのか」という価値判断から考えてみることにする。

まず、格差は広がっているのか。

私が特に注目するのは若年層のそれである。10～20年前に比べ、若年層におけるフリーターや派遣・契約社員などの非正規雇用は確実に増えている。たとえば同じ30歳でも、正規職員と非正規職員および失業者・ニートなどの無業者との間には、明らかに格差があると言えるであろう。一方、正規職員の間でも、成果主義によって30歳をすぎると所得に差がつくようになってくる。さらに、年齢が高くなるほど非正社員から正社員へと移りにくくなることを考えれば、10～20年後には、同年齢層における格差は今以上に広がっていくと予測される。

格差を縮めるには、同一労働・同一賃金の原則が実効性をもつような社会の仕組みが必要である。また、非正規雇用から正規雇用へ容易に移行できるなどの方策が講じられなければならない。今後の政策は、「現状を放置すれば格差は広がる」ことを前提に立案されるべきであろう。

次に、格差は広がってもいいのか。

私は、「格差はあってはいけない」とは言いも書きもしていない。私自身、会社員時代、人より仕事が速かったので残業が少なく、仕事が遅くて残業している人間より給料が低くて損をした体験がある。野球選手の年俸のように、できる社員ができない社員より給料をもらうのは当然だ。「悪平等はおかしい。納得できる格差なら容認できる」というのが大半の国民の気持ちであろう。

しかし、格差が固定化し、再生産されるとすれば問題だ。格差が再生産されてもいいと思っている人は、政治家も含めてほとんどいないはずである。

そこで、政府はセーフティネットや再チャレンジといった施策を打ち出している。しかし、中高生の子どもを二人もつ50歳と、パラサイトしている25歳が同じセーフティネットでは不公平だ。子どものいる人には手厚くすべきである。また、競争型の社会よりローリスク・ローリターンでいいから安定した社会を望む人も少なくない。そうした国民の多様な状況・価値観にきめ細かく対応した政策が必要である。

ただし、そうしたことを小さい政府で実践できるかどうかは疑問である。

小泉・竹中路線は、「やる気のない人は放っておく」という価値観である。これは一面は正しいが、やる気があってもできない人まで十把一絡げに「千尋の谷」に突き落とし、這い上がってこないのが悪い、というのは、強者の論理にすぎる。

「競争はいいが、戦争は嫌だ」と私は思う。格闘技であっても、相手を殺したり骨折させたりしてはいけないのである。負けたら半死で入院というのでは、挑戦する意欲まで奪ってしまう。負けてもまた次の挑戦を待っているよ、という思いやりが、勝った側には必要だ。

さらに言えば、再チャレンジするにはそのための練習場、トレーニング法、指導者が必要である。それを「すべて自分のお金でやりなさい」と突き放すのでは、勝った人だけが優秀なトレーナーのもとで練習を充実させ、負けた人との差をますます広げるだけだ。競争に参加させたいなら、インセンティブが必要である。

そこで提言したいのが「新卒全雇用政策」である。

入口の平等という競争の基本ルールに則り、新卒はとにかく全員正規採用する。そのあと辞めるかどうかは個人の自由だ。働くことは国民の義務であるが、同時に、国民に仕事を与えることは行政の義務でもある。「入りやすくするかわりに、やるべきことをきちんとさせる」方向に変えていくことが必要である。

人間は、仕事を通じて生きがいを味わったり、成長したりしていく。仕事とは相手があって成り立つものである。誰かに頼まれ、人に「仕える」から、誰かの役に立つからこそ嬉しいし、やりがいもある。ニートやフリーターには、そのことを知らない若者が多い。自分が他者との関係において存在しているということは、働いてみないと実感できない。

「会社に身も心も染まりたくない」と思う人もいるだろう。それでも、「いいから一度ぐらい正社員になって働いてみなさい」と言いたい。若いうちに正社員を経験して損はないのである。

しかし、「がんばった人は報われる」という言い方を私は好まない。株で儲ける人間が脚光を浴びるような世の中では、極端に言えば「証券マンはがんばっていて、駅を掃除するおばさんはがんばっていない」というような誤解を招く危険性もあり、子どもにとっては大変な悪影響である。このような価値観は、ニートしながらデイ・トレーダーで一発逆転を狙おうという若者を増やすのみで、将来必ず社会の足腰を弱くするであろう。また、「お金のためにだけ働きたくない」と考える若者に対しては、ますます社会への不適応を助長するだけだ。それでは、青少年に健全な勤労観など育めるわけもない。

いったい、どのような価値観をもった日本人を育てたいのか、そのためにするべきことは何か、次の政権を担う方々には、ぜひ真剣に考えていただきたい。(談)

靖国問題

アジア的視座から見た「靖国」

マンガロール大学客員教授　森尻純夫

靖国参拝と脆弱な良識

小泉政権最後の8月15日が、どのような一日になるのか。その日が近づくにつれて、メディアは「靖国」に焦点を絞ってきた。

過去5年、小泉首相の靖国参拝「公約」が、中国、韓国の激しい反発を受けて、アジア外交政策の根幹に迫る問題になっている。まさに「日本とはどんな国か」が問われているのである。

根本的には、一宗教行為に対して他国からとやかくいわれる筋合いはない。

しかし、正面から立ち合うには、いかにも脇が甘い。立ち上がった途端に双差しを許してしまう脆弱さを否めないのである。たちまち寄り切られてしまう。

そこで、近隣諸国に配慮しようという「良識」的な意見が説得力を持つ。だが、この良識は問題意識を先送りしているだけで、根本的な回答にはなっていない。

日本人にとって宗教とはなにかという議論は、まったくといっていいほどおこなわれていないのが現実だ。

多宗教国家インドの現実

世界宗教のすべてが社会を覆っているインドはどうなのだろう。

私が住む小規模なマンションでは、隣がイスラム教徒の銀行家、真上にはカソリックの医師、その隣はヒンドゥ教徒の医師だ。最上階には、家主でカソリックの会社経営者一家が住んでいる。ドア1枚で、ことばも違い、食べ物も休日さえ違う生活がおこなわれている。カソリック・クリスチャンの家族は日曜の朝、揃って教会へでかける。しかしイスラムの銀行家はいつものように出勤だ。彼の休日は金曜日なのだ。

現首相のマンモーハン・シンは、シックゥ教徒である。全人口の3パーセント程度の超マイナーな宗教共同体だ。そして、大統領アブドル・カラムはイスラム教徒だ。

ヒンドゥ教国インドの政権トップはともに異教徒なのだ。異教徒権力者に人口75パーセントのヒンドゥ教徒が生活を委ねているのである。

ヒンドゥ民族主義とイスラム

イギリス統治に抵抗した民族運動は、ヒンドゥ思想を政治理念化した闘いであった。第二次大戦後の独立に際して、パキスタンは分離独立してしまった。イスラム教国になったのだ。亜大陸のイスラム教徒たちは、ヒンドゥ民族主義を受け入れることができなかったのである。

インドの20世紀後半は、パキスタンとの血で血を洗う歴史だった。3度の印パ戦争、頻発するゲリラとテロの半世紀だった。宗教の激突だったのである。アフガンやイラク、イランがイスラム原理主義をかざして世界を二分する現在のずっと以前、飢えと貧困のインドだった。

今世紀初頭、印パ和平が進展するとともに、宗教間の抗争は経済格差を要因とするものに様変わりしてきた。誤解も多いのだが、現在、インドには宗教紛争はない。去る7月のムンバイ同時多発列車テロも、宗教が要因ではない。

インドの現代民主主義は、宗教共同体のバランスの上に成り立っているといえるのだ。

民族主義と宗教運動

日本の戦後史は、こうした血の歴史には無縁だった。もちろん敗戦から立ち上がった勤勉で真摯な努力のおかげである。しかし同時に、積み残してきた課題も大きくあるのだ。

インド人が飢えても譲らなかった、血であがなった「思想と共同体」を、日本はやり過ごしてきてしまったのではなかろうか。血を流すことがいいのではない。しかし自らの血肉の思想と文化を問う射程の長く深い議論は必要だったのだ。

インド民族運動が起こった1800年代末、靖国も成立している。靖国の歴史とヒンドゥ民族主義の歴史は、符合しているのである。非欧米諸国、アジアの諸国、地域に迫られた共通の問題だったのだ。

「靖国」は、インドの近代ヒンドゥイズムがそうであるように、150年ほどの歴史しかない一種の新宗教なのである。たしかに神道の伝統的文脈に則っているが、近代民族主義国家が生みだした宗教思想なのである。特に戦後の宗教法人としての位置は、一宗派といっていい。

神学論争を懼れるな

鎮魂、という日本文化は、遠く平安時代に起こった御霊《ごりょう》信仰にその淵源を辿ることができる。非業の死を遂げた菅原道真や平将門の御霊が、この世に災いをなさぬように慰撫する儀礼、祭礼が「鎮魂」なのである。

天神さまは、鎮魂、慰撫とその卓抜な学術成就を祈願する両義的な意味を備えている。江戸の夏を彩る神田祭は、本来、平将門を慰撫、鎮魂する祭礼なのだ。祭礼の宵宮は、大手町の首塚から将門を社殿にお迎えすることからはじまっている。

明治の廃仏毀釈以前は、こうした神仏が集合した民俗文化がいたるところに満ちていた。現代日本人は、神学論争を嫌い、避けてきた。靖国に関しても伝統文化、その固有性を主張しながら本来の議論をしてこなかった。

戦火に散ったわたしたちの父祖を祀ることに、異議を唱えるものはいないだろう。だからこそ、冷静で確固とした思想的武装が必要なのである。これは、日本人による日本人の課題なのだ。中国や韓国からの批判に慌てふためく問題ではない。

議論は8月16日からはじめなければならい。

地方財政

地方の自立は達成されたか

兵庫県立大学助教授　赤井伸郎

2004年度から2006年度にかけて三位一体改革（地方財政制度改革）が行われた。本来、この改革は、成熟化社会において地方が自己責任で財政運営を行いうるよう、自立した地方政府を支える制度を構築することにあった。結果はどうであったのか、以下では、この改革を評価してみることにする。

1　三位一体改革の評価

三位一体改革と数値目標

まず、改革の経緯と内容を見てみよう。地方財政とは、各地方自治体（以下では、全体を総称して地方政府と呼ぶ）が直面する財政制度のことである。現在、日本国は集権的な財政システムとなっており、中央政府（以下、国と呼ぶ）からの財政的援助により、地方政府は行財政運営を行っている。高度成長の時代には、均衡ある国土の発展という方針の下、国からの補助金が全国に分配され、その補助金をもとに、地方政府は成長を遂げてきた。しかしながら、バブル崩壊後、税収は減少する一方で、地方政府の財政を支えるため、より多くの補助金が配分されることとなった。その結果、現在、国家財政は危機的状況に直面している。国が抱える国債残高は、770兆円程度(17年度末)にも及ぶ状態にある。この背景には、非効率な景気対策を多く行ってきたという問題もあるが、それとともに、非効率な政策を誘発する制度上の問題も大きい。すなわち、無責任体質を生み出す財政補助、縦割り行政が生み出す省益優先の補助事業などである。

地方財政制度改革は、まさにその制度の構造を抜本的に改革し、国に頼らない、地方政府による自立した財政運営を生み出そうとする試みでなければならない。三位一体とは、①「税源移譲」、②「国庫支出金(国庫補助負担金、以下では補助金と呼ぶ)の改革」、③「地方交付税交付金(以下、地方交付税と呼ぶ)の改革」を意味する。①は、国(中央政府)で集める税と地方で集める税の配分を変更し、地方の集める配分を高めようとする(国から地方への税源の移譲)ものである。

実際、地方が多くの事業を行っている一方で、実際の地方税源は少ない。このギャップを埋め合わせるために膨大な補助金が配分されているのである。①はまさにこのギャップを解消することを目的としていた。そして改革を後戻りさせないために、3兆円の税源移譲と4兆円の補助金削減という数値目標が定められた。ここで注意しなければならないことは、この数値目標が正しいのかどうか、正しいとしても、この数値目標を設定し改革を進めるという方針がかえって間違った方向に改革を進めてしまわなかったのかということである。すなわちこの改革によって、現在の危機的財政状況、非効率な財政運営を招いてきた要因が取り除かれ、真の目的である地方の自己責任による財政運営（地方自立）が実現したのかどうかである。

改革の結果

今回の改革には、三位一体という言葉からもわかるように、三つの問題ある制度を一体として改革しようという目標があった。しかしながら、数値目標は、そのうち二つ、すなわち税源移譲（3兆円）と補助金削減（4兆円）に設定されただけである。

数値目標の達成は、外見上、改革の成功の指標となるため、最優先課題となる。そもそも、補助金を削減して得られた財源を地方に移譲するのであるから、国と地方の役割分担とその規模をまず固める必要がある。また、使途の限定されていない一般財源である地方交付税や地方税の改革よりも、使途が決められている補助金のほうが、一般市民には実感がわきやすく、その流れで数値目標が設定されたのである。

数値目標の根拠を明確に示した資料は存在しない。現在、国と地方の税の割合は、6（平成16年度決算で約48・14兆円）：4（約33・5兆円）、国と地方の歳出の割合は、4（55・9兆円）：6（91・3兆円）であり、これを5：5に近づける第一段階の措置として、数値目標が設定されたと考えられる。

■図1　税源移譲に結びつく補助金改革のイメージ（総務省資料より抜粋）

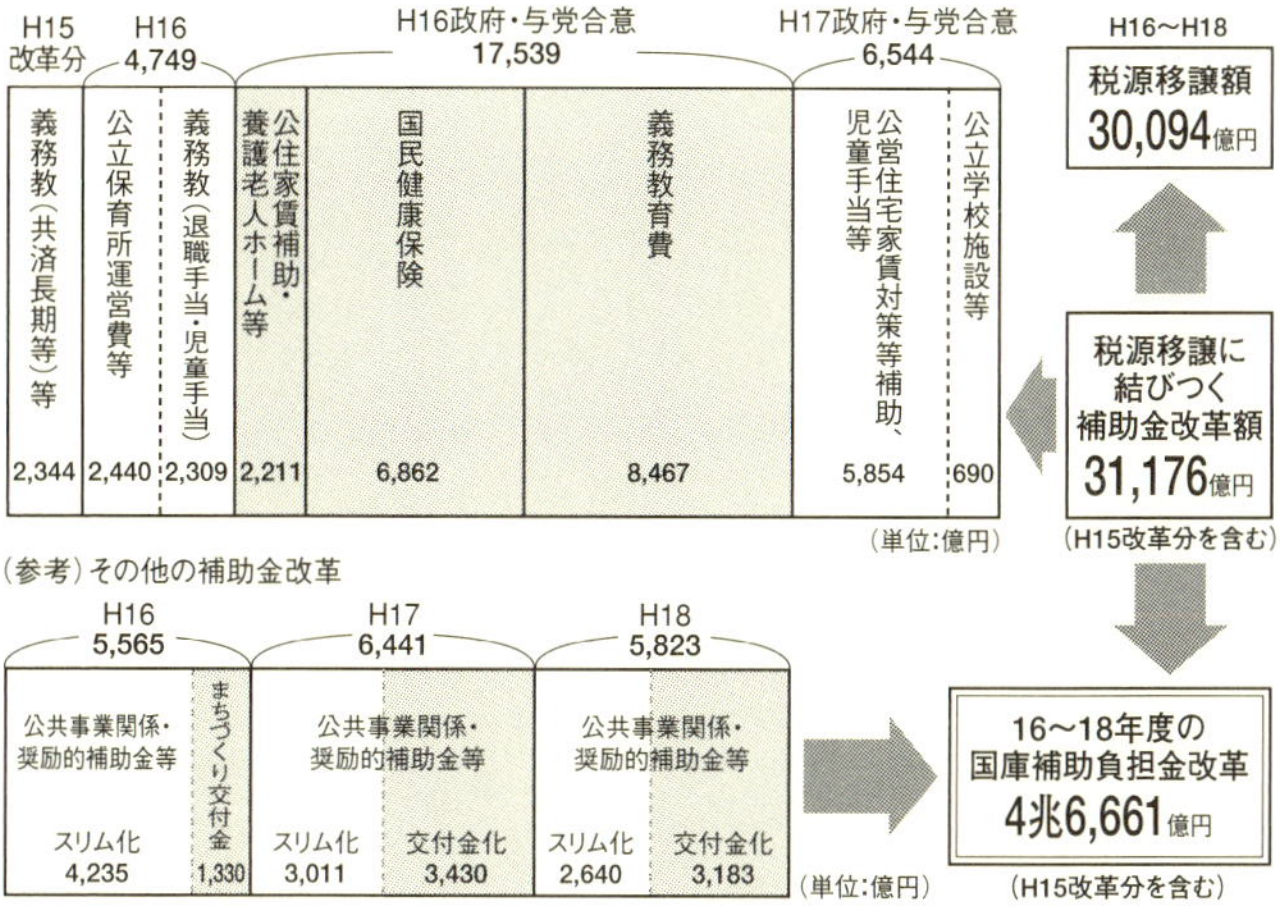

その結果を見てみよう。まず、補助金は、スリム化と交付金化を含めて約4・7兆円が改革され、また、税源移譲は約3兆円がなされた。地方交付税は、約5兆円の削減となっている。図1には、行われた補助金改革のイメージがまとめられている。その内容を見てみると、国民健康保険、義務教育費関連など、驚くことに、一見、国が担うべきと考えられる仕事しか改革対象になっていない。

義務教育費に関して詳細を見れば、その改革も、単に、これまで国と地方が折半していた教職員給与費を、国庫負担額を削減し、国1：地方2にしただけであり、真に必要な「標準法に代表される国による規制の吟味」はなされず、効果の見えない改革に終わっている。社会保障の分野でも同様である（注1）。

交付税の改革については、単に量が削減されただけであり、質の改革は、一部の算定の改定を除けばほとんどなされていない。削減は、現在の危機的な財政状況へ貢献したと思われるが、そもそも三位一体の改革では交付税の改革はメインではなかったため、この削減も、三位一体改革の成果と言えるのかどうかは曖昧であるし、また、質的な変化がなされないままの交付税改革や、数値目標は達成したものの、上記で述べたような補助金改革と税源移譲では、この改革が目標とした真の意味での、「非効率な財政運営を招いてきた要因を取り除き、真の目的である地方の自己責任による財政運営（地方自立）」が達成されたとは言えないであろう。

置き去りにされた議論

この混乱の背景にはどのような問題があったのであろうか？

第一は、根拠のない数値目標、逃げ道を与えた改革である。補助金には、毎年政策に応じてその額を決定する奨励的補助金と、法律で支出が決められている義務的補助金がある。本来、まず削減対象と考えられるべきなのは、奨励的補助金である。この補助金には実際、非効率的なものも多いとされているからである。

しかし、非効率であるならば、そもそもその事業の必要性はないのであるから、税源移譲の対象にはなりにくい。また、そこに含まれるであろう公共事業は、主に国債でその財源をファイナンスしており、財務省は、その事業は財源移譲になじまないと反論する。その結果、このタイプの補助金が削減対象にならないという悪循環に陥る。数値目標において、その対象を奨励的補助金に限定しなかったために、議論の対象は、逃げ道としての義務的補助金に向かうことになる。一方、義務的補助金に関しては、そのあり方を議論する前に、国と地方の間で、どちらがその根拠となる法律にかかわる権限・責任を持つべきかを議論することが筋であろう。その法律を変えないまま、義務的補助金の削減を行うことは無理である。これをしないまま、義務的補助金も含めた数値目標が設定された場合、大いに混乱することになる。結局のところ、大いに混乱した結果、義務的経費を削減するが、実質的な改革はしないという結果になったのは自然な流れである。

第二の問題点は、国と地方の役割分担・規模を議論しないままの、国から地方への移譲という方向決定である。義務的補助金が削減対象の候補に挙がったときに議論が混乱する背景には、その仕事の全責任を地方が担うべきであるのか、つまり国と地方の役割分担が明確化されていないことがある。通常、全国統一の法律に基づく義務的な経費は(その財源の配分の仕方――インプットを細かく規定するのか、自由に支出させアウトプットで評価するのか――の議論はあるとしても)、その法律に全責任を持つ国が財源も担うのが当然であると考える国民は多い。確かに、地方の歳出と歳入の間のギャップは、自己責任による財政運営という地方分権の目標の観点からは是正すべきである。しかし、その是正の方向は一つではない。歳出が歳入を上回っている現在の状態に対して、①歳入を増やす(地方への税源移譲)、②歳出を減らす(国への歳出返還)の二つの方法がある。このどちらになるのかは、まさに、各仕事の責任をどちらが担うべきなのかに依存するのである。

現在地方が行っている歳出の中に国が行うべき義務的歳出が含まれているのであれば、それは、税源移譲ではなくて、国へ仕事（および関わる財源負担）を返還するのが正しい方向であろう。税源移譲だけがギャップを埋める方法ではないのである（注2）。

第三は、地方分権の真の意味を取り違えた改革となっている点である。上でも述べたが、地方の歳出に合わせて歳入を増やすことだけが、真の意味での自己責任による財政運営の確立を意味するわけではない。重要なことは、真に地方が行うべき仕事を選別し、その仕事に対しては、自己責任で財政運営を行い、自立した地方政府を生み出すことなのである。義務的経費がカットされ税源移譲されたとしても、その補助金の根拠となる法律に対して国が責任を持つ限り、自己責任の範囲は拡大しないのである。

議論の参考までに、以下、地方分権の真の目標を達成するような改革案のポイントを提示する。

2　望ましい地方財政制度のあり方——日本の仕組みの再構築

成熟化社会に向けて、国と地方の役割分担が必要であることはすでに上で述べたが、日本の仕組みそのものの再構築のため、以下では、望ましい地方財政制度のあり方を議論する（注3）。

国と地方の役割分担を徹底するためには、以下のポイントが重要である。

●国と地方の役割分担の明確化：国の責任部分は国費で、地方の責任部分は自己財源で、失敗時は自己責任で処理し、破綻を許す。
●国の責任でも地方で執行すべき部分は、使途自由で、事後評価による交付金にする。
●追加的サービスを行う財源に対しては、地方内部での同意の下で財政調整が必要であり、財政調整制度（水平的調整制度または新型交付税）を設定する。その財源は、地方の自己財源からまかない、地方の自立を徹底する。

これらを考慮して望ましい地方財政制度を考えるとき、具体的には以下の作業が必要となる。

(1)現行の地方交付税には、財源保障機能と財政調整機能が混在している。そのため、国の本来の責任である財源保証が曖昧になっている。国の責任を明確に区分するために、基準財政需要において、「国が財源保障するべき」部分を切り離す。

(2)現在、国から地方への財政移転は、地方交付税によるものと、国庫支出金によるものがあり、その責任分担も曖昧である。また、使途も細かく決められている。国の権限・責任のあるものは国の財源でという原則を徹底するため、現在の国から地方への曖昧な財政移転を、原則、「財源保障を目的とした交付金」にまとめる。このように、政策目的を明確にすることは、省庁ごとに事後的な政策評価を行うことを可能にする（注4）。

(3)財源保障後、各地域で行う追加的サービスの財源に関しては原則自己財源でまかなうが、地域財源の偏在をふまえると、地域間格差を埋める調整制度は不可欠である。これを、財政調整機能だけを担う、簡素化されたフォーミュラを持つ「新型交付税」が担う（注5）。

以下では、これらの改革案のイメージとして、平成18年度の地方財政計画に従い、新交付税、交付金の下での新たな地方財政計画を作成し、国と地方の役割分担の額を提示する。

まず参考までに、図2には平成18年度の地方財政計画を示す。総額は83兆1508億円となっている。以下の提案で用いる主要項目の額だけは、特別に明示している。国の役割を決めるためには、全国で達成すべきナショナル・ミニマムの財源および、その範囲と水準について議論する必要がある。まず財源は国が負担するとし、その範囲と水準については、国民の合意として国の責任として行うべきもののみに限定すべきである。すなわち、真のナショナル・ミニマムとして、国民が認める「基礎サービス」に限定し、国（中央政府）の事後的裁量を抑制する（過剰に地方の自立を妨げない）。たとえば、基礎的サービスとしては消防・警察、義務教育、最低限の社会福祉、災害復旧等などが考えられるが、その基準は全国一律に保障すべきであろう。以下、その水準・規模に関して、試行的に、「地方財政法10条」をベースに、二つのケースを設定してみることにする（もちろん今後、さまざまな意見を取り入れ精査することが必要である）。

「地方財政法10条」とは、「地方公共団体が法令に基づいて実施しなければならない事務であって、国と地方公共団体相互の利害に関係がある事務のうち、その円滑な運営を期するためには、なお、

■図２　平成18年度の地方財政計画

歳入／現状

地方税	348,983
地方譲与税	37,324
地方特例交付金	8,160
地方交付税	159,073
法定分	125,267
国庫支出金	102,015
1 普通補助負担金等	61,937
地財10条（義務教育職員給与分の国庫負担額）	16,763
地財10条（義務教育職員給与分を除く国庫負担額）	37,333
地財10条-3（災害救助事業、災害弔慰金見舞金）	3
地財 34条（引揚者の援護も要する経費）	0
上記以外	7,836
2 公共事業費補助負担金	30,007
(1)普通建設事業費補助負担金	29,706
地財 10条-2（普通建設事業、公営住宅建設）	15,969
(2)災害復旧事業費補助負担金	301
地財 10条-3（災害復旧事業）	299
上記以外	2
3 失業対策事業費負担金	50
4 国有提供施設等所在市町村助成交付金	251
5 施設等所在市町村調整交付金	64
6 交通安全対策特別交付金	835
7 電源立地地域対策等交付金	1,245
8 特定防衛施設周辺整備調整交付金	135
9 特別行動委員会関係特定防衛施設周辺整備調整交付金	33
10 石油貯蔵施設立地対策等交付金	64
11 地方道路歳暮臨時交付金	7,393
地方債	108,174
臨時財政対策債	29,072
使用料手数料	16,450
雑収入	51,329
歳入合計	831,508

歳出　　単位：億円

給与関係経費	225,769
1 給与費	204,825
(ア)義務教育教職員　61,572	
地財10条（義務教育職員給与分）	50,290
上記以外	11,282
(イ)警察関係職員	24,139
(ウ)消防職員	11,843
(エ)一般職員及び特別職等	107,271
2 退職手当	20,448
3 恩給費	496
一般行政経費	251,857
1 国庫補助を伴うもの	107,286
地財10条（義務教育職員給与分を除く）	95,629
地財34条（引揚者の援護も要する経費）	0
上記以外	11,657
2 国庫補助を伴わないもの	134,785
3 国民健康保険関係事業費	9,786
公債費	132,979
維持補修費	9,768
投資的経費	168,889
1 直轄事業負担金	11,269
2 公共事業費	56,610
(ア)普通建設事業費	56,194
地財10条-2	
（普通建設事業、公営住宅建設）	30,329
上記以外	25,865
(イ)災害復旧事業費	416
地財10条-3	
（災害救助事業、災害弔慰金見舞金、災害復旧事業）	395
上記以外	21
3 失業対策事業費	99
（直轄・補助事業計）	67,978
4 一般事業費	61,737
(ア)普通建設事業費	60,593
(イ)災害復旧事業費	1,144
5 特別事業費	39,174
(ア)過疎対策事業費	8,289
(イ)地域活性化事業費	1,930
(ウ)合併特例事業費	10,000
(エ)防災対策事業費	1,700
(オ)旧地域総合整備事業費	700
(カ)特別単独事業費	12,344
(キ)地域再生事業費	3,000
(ク)施設整備事業費（一般財源化分）	1,211
（地方単独事業計）	100,911
公営事業繰出金	27,346
1 収益勘定繰出金	14,243
2 資本勘定繰出金	13,103
水準超経費	14,900
歳出合計	831,508

○地方財政法第十条
地方公共団体が法令に基づいて実施しなければならない事務であって、国と地方公共団体相互の利害に関係がある事務のうち、その円滑な運営を期するためには、なお、国が進んで経費を負担する必要があるものについては、国が、その経費の全部又は一部を負担する。例えば、教育や厚生に関する経費。

○地方財政法第十条の二
普通建設事業費に要する経費、公営住宅の建設に要する経費。

○地方財政法第十条の三
災害救助事業に要する経費、災害弔慰金及び災害障害見舞金に要する経費、災害復旧事業に要する経費。

○地方財政法第三十四条
引揚者の援護に要する経費。

国が進んで経費を負担する必要があるものについては、国が、その経費の全部又は一部を負担する」と示されているものであり、平成18年度の地方財政計画では対象となる額は以下となる。

地方財政法10条関連対象額（平成18年度地方財政計画）

財政法第10条	14・6兆円
10条―2	3・0兆円（公共事業費）
10条―3	4千億円（災害復旧費）
34条	100万円

（注6）

第一のケース（図3）は、これら地方財政法にかかわる経費を単純に合計して、その額を国が負担すべき額とした場合の、国の役割を示したものである。

第二のケース（図4）は、10条―2から、近年、非効率性が議論されている公共事業を対象からはずし、その代わり、直轄事業の地方負担を加え、また警察官と消防職員の人件費を加える。

ここで、これらのケースは、国と地方の役割分担を明確にした際の、マクロの姿（数値）を見るものであり、また、この総額は平成18年度の地方財政計画のものと同じであり、単に、国の責任

■図3 「地方財政法10条」に基づく試行　ケース1

単位：億円

	歳入		歳出	
国の責任	交付金	176,643	一般行政経費	
			地財10条（義務教育職員給与分を除く経費）	95,629
			地財10条（義務教育職員給与分）	50,290
			地財10条-2（普通建設事業、公営住宅建設）	30,329
			地財10条-3（災害に関する経費）	395
			地財34条（引揚者の援護に要する経費）	0
地方の責任	地方税（地方譲与税含む）	386,307	給与関係経費（義務教育職員給与分を除く経費）	175,479
			一般行政経費（交付金対象分野を除く経費）	156,228
			公債費	132,979
	地方債	108,174	維持補修費	9,768
	使用料手数料	16,450	投資的経費（交付金対象分野を除く経費）	138,165
	雑収入	51,329	公営企業繰出金	27,346
	小　計	562,260	水準超経費	14,900
	新交付税（地方特例交付金含む）	92,605		
	合計	654,865	合計	654,865
	歳入合計	831,508	歳出合計	831,508

注）義務教育職員給与の金額には、退職手当、退職年金手当及び退職一時金並びに旅費は含まれない。

■図4 「地方財政法10条」に基づく試行　ケース2

単位：億円

歳入		歳出		
交付金	193,565	一般行政経費		
		地財10条（義務教育職員給与分を除く）		95,629
		地財10条（義務教育職員給与分）		50,290
		地財10条-3（災害救助事業、災害弔慰金見舞金、災害復旧事業）		395
		地財34条（引揚者の援護も要する経費）		0
		給与関係費	警察	24,139
			消防	11,843
		投資的経費	直轄事業地方負担	11,269
地方税	348,983	給与関係経費		139,497
地方譲与税	37,324	一般行政経費		156,228
地方特例交付金	8,160	公債費		132,979
地方債	108,174	維持補修費		9,768
使用料手数料	16,450	投資的経費		157,225
雑収入	51,329	公営企業繰出金		27,346
小計	570,420	水準超経費		14,900
新交付税	67,523			
合計	637,943	合計		637,943
歳入合計	831,508	歳出合計		831,508

と地方の責任を区別しただけにすぎないことに注意する必要がある。したがって、地方での調整次第では、まったく損得なしの状態も可能であり、実行は予算的に可能である。すなわち、ここでの議論は、個別自治体の問題というよりも、地方全体と国の役割分担の議論であるということを認識することがまず重要であることがわかる（もちろん、さらなる議論には個別の地方自治体に対する効果が必要であるが、それは、地方内部での調整で決定されることになる）。

今後、望ましい地方財政制度を実現するために、このような役割分担の明確化に向けたイメージを伝えていくことが必要となろう。

参考文献／赤井 伸郎・佐藤 主光・山下 耕治（２００６）『地方財政計画（H18ベース）で見た地方分権改革の姿』
http://www.geocities.jp/akainobuo/teigen20060612.ppt

注1　ただし、今回の義務教育費国庫負担金の改革過程において、中教審をはじめとする文部科学省（以下文科省）内部では多くの議論が行われた。文科省の議論において、財政的課題に対してこれほど世間が注目したものも少なかったであろう。この議論によって、文科省内部で、財政のあり方に対する議論の必要性、税を用いて教育を行うことに対する責任とその成果の検証が必要であるという認識が生まれたことは、この改革の大きな成果と思われる。

注2　税源移譲を行うべきとする理由に、不交付団体割合の引き上げがある。しかしながら、ここにも、国と地方の役割分担・規模を議論しないままの議論があり、混乱が見られる。政府の方針では、不交付団体割合を50％にすることが目標とされている。しかし、それをどのようにして達成するのかに関する議論は十分に整理されておらず、税源移譲で達成するとすれば38兆円もの移譲が必要となるとも試算されている（地方分権21世紀ビジョン懇談会提出資料）。不交付団体は、確かに、「総額として自立した地方政府」を意味する。日本には、再分配的な仕事がかなり多い。それらは義務的経費と呼

ばれ、国が責任をもって財源を手当てしている。これらは国の事務だが、地方で実施することが効率的なので委託するという形式をとっていると考えられる。このような事務が大きい場合、現行の制度を維持する限り、交付税は必要なままである。確かに税源移譲をすれば交付税額は減少するが、本来国が責任を持つべき事務は国が財源も手当てすべきであり、国がするべき仕事まで税源移譲する必要はない。交付団体を減らすという目標達成だけのために税源移譲を行うことは、本来の国と地方の役割分担を無視した議論となる。このような問題が生じるのは、本来あるべき「財源と責任の一致」がなされていないからである。日本では、分野ごとに各省庁が政策の立案から責任までを担っている一方で、その事業を保障するための財源は、地方の独自財源に頼ったり（不交付団体の場合）、交付税という形で分配されたりしている。これを本来の姿である「財源と責任の一致」を実現し、各省庁が一括交付金で１００％財源を配布する仕組みにし、交付税を財源保障から切り離すことができれば、残った交付税は限界的な部分となり、財政調整目的の制度となる。このとき、交付団体を減らすことは、すなわち限界的な自立を促すことになる。このように補助金制度が整備されたときには、交付団体割合を目標とした政策は、真の意味での（財源保障部分を上回る）限界的なサービスに対する自立を意味するのであり、その方向での財源移譲は望ましい（この額は38兆円よりもはるかに小さいであろう）。

注3　本節の議論における推計は、赤井・佐藤・山下（２００６）をベースに作成した。

注4　地方自治体の基礎的サービス供給の実態（アウトプット）を情報公開し、アウトカムで評価する制度を整備する。交付金の使途は分野で限定するが、分野内では自由にする。その規模は、地域間の相互比較を行って、努力インセンティブを埋め込むように決定する。決められた水準を達成できない場合には、財源を所管する省庁が責任を持って、その達成に邁進することも必要である。特に、ノウハウの少ない小規模自治体に関しては、その必要性は高い。

注5　その規模・財源の決定には地方全体が関与し、増加を希望するときには地方の自己財源を増税することを徹底することで、曖昧な裁量の余地を制限し、新交付税の安易な膨張を抑制する。

注6　地方財政法第十条の二＝普通建設事業費に要する経費、公営住宅の建設に要する経費。／地方財政法第十条の三＝災害救助事業に要する経費、災害弔慰金及び災害障害見舞金に要する経費、災害復旧事業に要する経費。／地方財政法第三十四条＝引揚者の援護に要する経費。

公の復権

「公共性」という価値観を共有する

東京大学大学院教授　松原隆一郎

「構造改革」を旗印に民営化・市場主義を推し進めてきた5年間の小泉政権は、自由主義の悪しき側面を露呈させた。すなわち、「自己責任」と言えば個人の自由が何事にも優先される、市場で勝つためなら何をしてもいい、自由な競争を阻害・規制するものは悪だ、という価値観が横行し、社会の最低限の安全や信頼を保つための規制・慣行は廃され、公正・公平の原則はないがしろにされたのである。その結果、社会や将来に対する不信・不安が広がっている。こうした、公共性を無視した政治がもたらした世の中の荒廃や混乱が、小泉改革の最大の弊害ではないかと思っている。

公共性は、我々が安心で安全で幸福な生活を営むために欠かせないものである。衣食住はもちろん、交通、教育、医療など生活に不可欠な部分は、本来市場原理で淘汰されることなしに「公」として守られるべきだ。しかし、「小さな政府」を標榜する小泉政権は、官から民へを口実に、公の仕事を切り捨て、あるいは放棄した。なんでも民に任せればうまくいくものではないことは、耐震強度偽装事件などを見れば明らかである。かと言って、この事件では、「公」にも偽装を見抜けないものがあった。我々は、何を「公」とするかを議論で明確にしなければならない。

たとえば私は、スカイライン、つまり都市景観も公のものだと思う。小泉改革は「都市再生」の名の下に、東京中に高層ビルを乱立させ、世にも醜悪な景観をつくり出した。国際ビジネスやIT産業の拠点にするなどの名目で、それまで都市の美観上から制限されていた容積率や延べ床面積の規制が大幅に緩和されたのである。高層ビルそのものが悪であるとは言わない。だが、国会議事堂の隣や皇居の周辺にまで無秩序にビルがそびえているのは世界でも東京ぐらいなものだろう。江戸情緒の残る浅草や神田、神楽坂あたりでも、高層ビル建設の計画が引きも切らない。美意識の崩壊した一部の政治家や経済学者と、彼らと利害関係の一致する民間デベロッパーのおかげで、東京の姿は急速に変わってしまった。「都市再生」は観光誘致もうたっているが、笑止千万である。金儲け以外になんの魅力もない今の東京に、誰が観光に来るというのか。

景観は、土地の歴史や文化を刻み、次の世代へと引き継いでいくものである。5年、10年などと拙速な都市計画で変えていくようなものではない。日本橋を塞ぐ高速道路を、50年、100年かけて埋めていくというような発想があってもいいと思う。電線の地中化や放置自転車の問題などとも併せ、我々はもっと議論して、自分たちの住むまちの公の景観を守っていくべきだろう。

もう一つ、公共性を考えるうえで、学術振興と教育についても指摘したい。

政府は2002年度から、大学を、国際競争力のある世界最高水準の研究教育拠点とするために、「世界的研究教育拠点の形成のための重点的支援 21世紀COEプログラム」を開始した。大学からの公募事業を、第三者運営による委員会が審査・評価し、文部科学省が補助金を交付するものだ。「知財立国」「科学技術立国」も構造改革メニューに加えられており、世界に冠たる知的社会を構築するという目標は理解できる。しかし、結果的に、補助金をとるために「書きやすい」分野の論文、委員会に「評価されやすい」テーマの研究が多くなっていることは否めない。あるいは、「国際的」を意識するあまり、学術の方向までアメリカに追従しているきらいもある。問題は、そうして選ばれた事業が必ずしも社会のニーズや評価に合致していないことである。本来、学界における「改革」とは、研究をしない研究者をどうするか、という点に克服すべき課題があったはずだ。それがいつのまにか、一部の声の大きい者が補助金を得るという構造になってしまった。利害関係に左右される点は都市再生のデベロッパーと同じである。こうして、金のとれる研究者あるいは大学と、そうでないところとの二極化がますます進む結果となった。

初等教育においても、教師の二極化は同様である。「総合的学習」の時間を使いこなせない先生が多いことは問題になったが、忙しい現場の中、なんとか自己学習の時間を捻出して勉強している先生と、授業の準備もままならない先生との差は開くばかりである。しかし、できない先生をどうするか、という改革の妙案は打ち出されていない。

言うまでもなく教育は、勉学だけでなく「社会のルールを守って信頼を育む」「他者への関心を喚起し、コミュニケーションをとる」「自己表現の作法を学ぶ」などが本質である。しかし、現在、小さい子どもから大学生まで、コミュニケーション能力が圧倒的に落ちていると言わざるをえない。挨拶ができない、問題を発見できない、調べものができない、レジュメもつくれない、議論や発表ができない。これでは、社会に出たときに企業が求める基本的なコンピテンシーが身についていないということになる。日本の将来を支える人材育成からいって、これは憂慮すべき事態である。先端の研究に補助金を出すこと以上に、深刻に考えなくてはならない。

都市の景観にせよ、教育にせよ、生活に密着している点において優れて公共性の高い分野である。こうしたものへの価値観を見直し、共有していくことが、真の社会改革を行ううえで必要なのではないだろうか。（談）

政策形成

小泉流政治改革で何が変わったか

慶應義塾大学大学院教授　曽根泰教

小泉改革の評価では、通常は経済分野の二つのことが代表的な改革といわれている。それは、不良債権処理と、財政出動をしないで景気回復を成功させたことである。しかし、小泉改革としては、経済政策の領域だけでなく、政治の構造改革についても見る必要がある。なぜなら、総じてもっとも成功したものは、政治の構造改革だったということができるからである。

１９９０年代に行われた橋本行革の目的は、内閣機能の強化と中央省庁再編だったが、小泉改革はこの内閣機能の強化を上手に利用して、「小泉流リーダーシップ」を発揮した。一連の行革がめざすものは、省庁が権力を握る官僚主導の政治から、内閣が閣議で政策を決定し行政権を行使する本来の議院内閣制政治の復権である。

日本では、政策形成・決定のプロセスにおいて、内閣と自民党の二元体制で行われるという慣行があったが、橋本行革では、この内閣・与党の二元体制には踏み込めなかった。従来は、内閣提出の法案でさえ、与党の事前審査を経ないと国会に提出できなかった。小泉首相は、この「与党審査」に対して問題提起をし、何度か、この既存の体制に対して挑戦を試みてきた。しかし、それは「抵抗勢力」対「改革勢力」の図式のなかで捉えられることが多く、政策決定上の二元性の問題と明確に認識されることは多くはなかったが、小泉首相が風穴を空けようと挑戦してきたことである。従来の日本政治をわかりにくく責任の曖昧なものにしてきた内閣・与党の二元的政策決定過程の一元化は何度か試みられた。とくに、信書便法案や郵政改革関連法案においては、内閣と与党が鋭く対立した。

ただし、郵政解散での自民党圧勝の後には、内閣改造で中川秀直氏が政調会長になり、党と政府の意見交換の場「政策ユニット」や、与謝野馨経済財政担当大臣と中川政調会長とが、政府・与党の連携会議「財政・経済一体改革会議」などをつくり、それなりの内閣・与党の一体化を図るための取り組みを行った。

結果的には、イギリス政治のように内閣の中に有力与党議員を抱え込む一元化は実現できなかったし、与党審査の慣行はまだ残っており、この二元体制の問題の決着はついていない。しかし、

「内閣・与党の一元化とは何か」を多くの人が知るようになったという点で、問題提起の意味は大きい。なぜなら、内閣・与党の一元化は、いわば議院内閣制における内閣と与党の問題そのものであり、国会の役割の再定義や、野党とは何かという根本的な問題にかかわる重要なテーマだからである。

さらに、本筋の政治改革にあたっては、橋本行革で設置された経済財政諮問会議を「改革のエンジン」として、あるいは「改革の司令塔」として、政策転換を進めてきたことが特筆されるだろう。この会議は、議題設定、予算編成の機能をもち、閣議の代替機能の三つの機能を果たしてきたといえる。従来のように、事前に省庁間で調整された案件がボトムアップされるのではなく、議論・討論によって閣議決定するという閣議本来の役割を果たしている。毎年6月に経済財政諮問会議から出される「骨太の方針」は、予算の大枠を決めるものとして定着し、政策決定上重要な位置を占めることとなった。

もっとも、竹中時代と与謝野時代では経済財政諮問会議のあり方も変質してきており、ある意味「小泉後」よりも早く「竹中後」がやってきた。これは、制度における属人的な側面とも言える。それゆえ、制度改革は人よりもシステムを重視すべきだし、内閣・与党の一元化は、内閣によって図られるべきである。

しかし、当初の経済財政諮問会議は通常の審議会にすぎないと思っていた人も、人事、金、情報などではなく政策をつくることこそが権力の源泉であること、また、省庁の影響力を受けずに政策をつくるには内閣が本来の機能を回復することが必要であるということを理解したのではないか。

経済再生

次期政権は「真の自立」への再挑戦を

前経済同友会副代表幹事　渡邉正太郎

小泉政権下、日本経済はバブル崩壊からやっとのことで抜け出し、再生への過程にある。インフレなき、グローバル化する世界経済の中で、成熟した経済主体がようやく生きる道を探しえた。

その主たる要因は、政府の経済政策や日銀の金融政策でもなく、優れた一部のモノづくり企業の技術を中心としたイノベーションの寄与であり、またデフレ経済を生き抜くためのリストラクチャリングの成功による。不良債権処理のために公的資金を導入した効果は大きかったが、そもそも金融機関の怠慢により、不良債権処理を先送りしすぎたのである。そして日本経済は現在、中国・インド・ロシア等の発展とアメリカ経済の著しい再生の恩恵を享受し続けている。

政府の巨大な年毎の財政赤字と累積する債務のため、財政政策は動きがとれず、経済再生のための政府施策は50年間かけてつくり上げた規制や公的構造を改革促進するしか手はなかった。よって小泉首相の出現は「時代の申し子」であり、「改革なくして成長なし」に象徴される政治運営は誤りではなかった。年金改革、道路公団改革、郵政改革、三位一体改革など、取り組みのコンセプトとキャッチフレーズはメディアを通して賑々しく議論された。

小泉首相を「壊し屋」と呼び、次の首相に「新しい創造」を期待する向きが多い。それでは、何を壊したのか。今回の改革の最初のステージは、長い間に育てあげられた「過大な受益（者）」を壊すことを意味した。国の官製事業で禄を食んでいる人たち、すなわち公務員とその組合、それに群らがる民間の関連企業とその関係者、それらの代表者としての政治家など――。それ故に、凄まじい抵抗にあい、中途半端で中身の薄いものに仕上がったのである。

多くの有識者会議がつくられ議論された。また何人かの民間経営者もその過程で民営化のための職につくが、経済財政諮問会議を除いてその成果は取るに足らない。

結論として、優れた競争力を昔から持つ一部の企業と経営者の改革努力で日本経済は再生するも、公的部門をリードする立場にある政治家、官僚、その他公的関係者の真の変革意欲のなさ（イノベーションの欠如）は、時期政権に大きな負担を引き継ぐことになろう。

総裁選まで1ヶ月を残すにすぎない現時点から見ると、安倍内閣は間違いなく実現するだろう。が、政策論争への熱意は少なく、次期政権が何を主要政策とするのかも明確ではない。5年間続いた小泉内閣への飽きと疲れから、「改革は格差を生んだ」との声も多く、自民党陣営に政策への迷いと反動が起こるだろう。

アジア諸国との関係を含めて、安倍政権は何をしようとしているのか。また景気がよくなれば改革は停滞するのは常であるが、現在進んでいる日本経済の回復は、改革にとって仇となるか。それにしても、最初に直面する最も大きな国内問題は、巨大な赤字と借金を抱える財政の健全化である。

小泉改革は既得受益者への改革であった。中途半端であるにしても。それに対し、安倍政権は税金等の負担者との闘争になるだろう。私たち納税者は、受益者の改革をもっと求めて増税に反対すべきである。

国の財政はすでに臨界点に達しており、国債を買う人の気が知れないが、それを買い支えているのは郵政、日銀、金融機関など、国の関与が大きい。日本の大変化はすべて自主的イノベーションによる変革ではなく、お金が行きづまるか、物資が決定的に不足する時に起きており、特に官の領域においては、楽観的で無関心で先送りを好むのである。

高齢化が進み、少子化の改善はまったく見通しが立たない。この状況を打開するためには、次期財政の政策理念は真の「自立」を掲げてほしい。国の自立、企業の自立、個人の自立、地方の自立などなくして、日本の前途は立ち行かないだろう。新しい憲法の条文に「自立」を唱うべきだ。

ただし、世の中の雰囲気はこれに対し反動的に見える。

「官から民へ」「中央から地方へ」の流れを加速し、小泉政権の残した諸改革の中身の中途半端さを真の改革内容とする再挑戦をなくしては、日本経済の再生への道も再び停滞を招くことになろう。日中・日韓外交の正常化を提言する経済人を「商売人」やからと言うことの拙劣さを、繰り返してはならない。

いずれにしても、次期政権は容易な運営では乗り切れないのではないか。

2006年1月13日　第102回　J・I・フォーラム
「小さな政府について一度きちんと考えてみよう」より

小さな政府とは何か

討論者

榊原英資　慶應義塾大学教授
林　芳正　参議院議員（自由民主党）
松本剛明　衆議院議員（民主党）
山口那津男　参議院議員（公明党）
渡邉正太郎　経済同友会副代表幹事・専務理事

コーディネーター

蟹瀬誠一　ジャーナリスト

榊原英資（さかきばら　えいすけ）

早稲田大学教授。1965年東京大学大学院修了、大蔵省入省。埼玉大学助教授、ハーバード大学客員準教授を経て81年7月大臣官房企画官。83年日本輸出入銀行人事部付財団法人国際金融情報センター総務部長。各局の要職を歴任し、95年国際金融局長。97年7月財務官。99年慶應義塾大学教授。06年4月より現職。

林　芳正（はやし　よしまさ）

衆議院議員。1984年東京大学法学部卒業後、三井物産入社。94年ハーバード大学ケネディ行政大学院を卒業。95年参議院議員選挙初当選。99年大蔵政務次官、2001年に再選を果たし、04年参議院外交防衛委員長。現在、参議院議院運営委員会筆頭理事、党政調審議委員、自民党行政改革推進本部事務局長。

松本剛明（まつもと　たけあき）

衆議院議員。1982年東京大学卒業後日本興業銀行入行。2000年衆議院議員初当選。衆議院予算委員、民主党国会対策副委員長、衆議院財務金融委員会理事歴任。民主党政策調査会副会長、「次の内閣」防衛庁長官、同防衛副長官、事態対処特別委員会理事を経て、05年より民主党政策調査会長。衆議院決算行政監視委員会委員。

山口那津男（やまぐち　なつお）

参議院議員。東京大学法学部卒業、弁護士。日弁連調査室嘱託を経て1990年より衆議院議員。01年より参議院議員。04年特別国会では、行政監視委員長として「苦情請願」の制度を初めて活用。現在、参議院予算・財政金融委員会委員、憲法調査会幹事、公明党政務調査会長代理および参議院政策審議会長。

渡邉正太郎（わたなべ　しょうたろう）

前経済同友会副代表幹事。1960年早稲田大学卒業、花王石鹸株式会社（現花王株式会社）入社。常務取締役、専務取締役、代表取締役副社長を経て、2000年経営諮問委員会特別顧問。02年経済同友会副代表幹事・専務理事に就任、06年4月退任。現在、株式会社りそなホールディングス外取締役。

蟹瀬誠一（かにせ　せいいち）

ジャーナリスト。上智大学卒業後、米AP通信社記者、仏AFP通信社記者、米TIME誌特派員を経て、1991年TBS『報道特集』キャスターに転身。天皇崩御、日米摩擦、教育問題、カンボジア情勢などの幅広い取材・リポートを行う。現在もメインキャスター、レギュラーコメンテーターとして活躍。04年より明治大学文学部教授。

「小さい政府」とはどこをどう小さくするのか

加藤　私たちは、当たり前のように「小さな政府」と言っていますが、政府が大きい、小さいというのはいったいどこで見るのか、実は定義がないままに議論されています。だから、たとえば公務員の数のようなわかりやすいものを小さくしようという話になる。しかし、それで本当に「いい政府」が実現できるのでしょうか。そこで今回は、小さな政府とは何なのか一度きちんと考えてみようということで、三党の政策のエキスパートと経済界屈指の論客の皆さんをお迎えしました。

まず、参考までに政府の大きさを公務員（軍隊を除く）で見るとどうなるか。１９９０年代前半の数字ですが、日本は自衛隊を除くと人口１０００人あたり14人。アメリカが19人。イギリスが43人。ドイツが21人、フランスが57人。これに地方公務員を含めると、日本は１０００人あたりで40人、アメリカは79人、イギリスとドイツは78人、フランス95人。日本は必ずしも多くない。では、予算で比べるべきか、組織か、仕事の量か、権限か、いろいろな側面から議論しないといけない。その中から、日本の政府は果たして小さいのか大きいのか、どういうサイズがふさわしいのか、そんなことを大いに議論していただければと思います。

蟹瀬　今、加藤さんから公務員数の人口比というたとえが出ましたけれども、小さい政府とは何かということで少し調べてきましたので、たたき台としてお聞きいただきたいと思います。

小さな政府というのはアダム・スミス以来の伝統的自由主義の思想から生まれた経済的な政策です。政府の市場介入や、国会による社会政策を最小限にする。これを徹底したものを夜警国家、あるいは安上がり政府と言います。基本的にＧＤＰに占める政府活動の割合を低くさせるために、低い税率と少ない歳出を志向します。これは主に古典派の経済学者および資本家が主張する政府の形態です。金持ちにとっては税金が少なくてすみ、規制も少ないから便利なんです。

しかし、歴史を俯瞰すると、大きいほうがいいという時代と小さいほうがいいという時代が交互に訪れております。産業革命後の19世紀のイギリスはレッセ・フェール、国民のなすがまま、という方針の下で政府は小さいほうが良いとされた。ところがそれで格差が広がり、金持ちばかり良い思いをして貧乏人はますます貧しくなると、けしからんというので共産主義の思想が登場します。20世紀にケインズが出て、ある程度政府が管轄しないと世の中がうまくいかないということになった。ところがまた揺り戻しが起こって、１９７０年代のスタグフレーションでは、イギリスやアメリカでは小さいほうがいいという話になった。サッチャーやレーガンの頃のいわゆるサプライサイド・エコノミーで、民営化や規制緩和を行った。しかし、なかなかうまくいかなくて、アメリカは自主的に大型の財政を運営するようになった――。

今日はそういう歴史を踏まえたうえで、この日本という国をどんな国にしていくのかという議論になるのだと思いますが、まず、林さんにうかがいます。与党として今小泉さんが進めている小さい政府というのは、ごく簡単に言ってどういう政府なのですか。

林　今蟹瀬さんがおっしゃった通り、スウェーデンみたいに何でも役所に行けばやってくれるけれども、そのかわり給料の8割ぐらいを納めなければいけないというのが大きな政府で、アメリカのように税金も安いが、病院も全部自費で行き、保険もないというのが小さな政府です。ただ、我々が小さな政府と言っているのは、何もアメリカまで極端にシフトするつもりはなく、ちょっと大きな政府的でありすぎたので、少し小さな政府に軌道修正しようということです。

今、社会保障費が財政の大きな割合を占めています。福祉対象の方がどんどん増えてくると、人数×費用の積がどんどん増えますが、高齢者はこれ以上増えるなというわけにはいきません。ですから歳出のほうをなるべく小さくしていかねばなりません。公助、共助、自助という言葉がありますが、なるべく公助を少なく、自助と共助を多くというのが小さな政府の政策だと思いますね。

蟹瀬　非常に理にかなった話ですけれども、松本さん、なぜ今それがだめになったのですか。

松本　私は、小さくするところは小さく、競争するところは競争したらよい、と申し上げています。同じ税金を使うにしても市場介入している政策部分と、年金や医療などの社会政策的な部分では考え方が違う。しかし、いずれにせよ経済への過度な介入はもういらない、これはほぼ共通認識ではないかと思います。ところが実際は、日本は大きな官僚国家だと言われるように、ずいぶん経済に介入しています。それを小さくするといって、年金を切るとか、医療を切るとかの話が先走っている。まずはどこを切るべきかを議論しなければいけないのではないかと思います。

蟹瀬　山口さん、公明党はずっと福祉重視でやってこられて、今政権与党となりましたが、小さな政府議論では自民党の考え方と違うところがあると思うんですが。

山口　少子高齢化が進む中で、さまざまな福祉制度が所与のものになっています。これを小さな政府一辺倒で切り刻んでいけばいいというものではありません。社会保障の水準はなるべく維持しつつ、負担はなるべく抑えるということを両方やっていかないといけないですね。我々は歳出削減を主張しております。そのためには政府のすべき仕事の範囲を見直さなくてはなりません。

蟹瀬　渡邉さん、民間企業の立場を代表するということではなく、今日は普段言えないことをバシッと言ってください。まずお三方のお話を聞いてどう思われますか。

規制緩和＝小さい政府というわけではない

渡邉　振り返れば、戦後60年は、共産党も含めて全体に基本的には大きな政府志向でした。政府も官も小さな政府の良さということをほとんど国民に言わないまま、選挙になると大きな政府を標榜する大合唱だった。１９８０年代まではそうして来られたわけですが、90年代で不況になり、小渕内閣は支出増の結果大きな政府になりすぎて、今の財政危機につながった。

これからは、小さな政府というものを、まず国民が定量化しないといけません。ＧＤＰの約28％

が国民の払う税金と保険料ですが、政府はその10％増しぐらいで使っており、その分が利子を含めて赤字になっている。ＧＮＩ（国民所得）で見れば35％と45％という関係にあるんです。政府の歳入と歳出の大きさについて、どうあるべきかを国民は考えなければいけない。

もう一つは公共事業に代表されるように、政府は民より大きな財産を持ち続けてきた。その最たるものが道路公団や郵政だった。こういう仕事の領域をなるべく国は減らすということです。また公務員の数は少ないではないかという問題ですが、中小企業の育成から農業などのあらゆる領域にわたって、公務員は自らの仕事と雇用を膨らまし、人件費を増加させてきた。一方、国民のほうも自分たちの負担は小さく、給付はなるべく多くと要求する。こういう意識の違いをどう調整するか。日本では、小さな政府か大きな政府かという選択を迫る選挙は、今まで一度も行なわれたことがなかったと思います。ここがまず新しい時代の政治で問われるべきではないかと考えております。

榊原　基本的に皆さんのおっしゃることに反対ではありませんが、もう少し根本的にこの問題を考えたほうがいいと思います。まず事実からみると、公務員の数は日本が欧米の約2分の1です。ですから支出を少なくするには、実は役人の数を切ってもそれほど大したことにはならない。そして社会福祉、消費、公共事業という歳出のうち、政府の消費は日本は圧倒的に少ないです。欧米より多いのは、社会福祉と公共事業の部分です。日本は国民皆年金・皆保険の下に完全に社会主義でやってきたし、公共事業のＧＤＰ比率はアメリカの3倍もある。この二つの部分をどうするかが最大の問題です。この問いに対する答えが、小さな政府か大きな政府かの分かれ目です。

もう一つ、渡邉さんのご指摘通り、今の役所は権限を持ちすぎている。たとえば、中央が補助金を使って権限を行使するとか、民間との間に業界団体が入って役所の権限を行使するなどの問題が起こります。そこで規制緩和が必要になりますが、実は規制緩和とは、原則的には事前の規制を緩やかに、事後のチェックを厳しくすることです。先のホリエモンの事件もヒューザーの事件も、規制緩和の結果ああいうことが起こったわけなので、当然のことながら監視は厳しくしなければいけない。いくら規制緩和といっても、検査機関を全部民間に任せるということはありえません。民間の原理は利潤追求です。それとは別に法律の執行をチェックする人たちが必要で、これが国の役割であり、相応の予算を配分しなければいけない。たとえば金融庁の証券取引等監視委員会の人員は日本400人に対しアメリカは4000人いて、一桁増やさなければいけないという議論です。したがって規制緩和すれば公務員が減るわけではなく、かえって増える可能性がある。規制の緩和と小さい政府があたかも一つのことであるように財界が言うのは間違いです。

経済界に文句を言っているわけではないですが、経団連はあのライブドアを組織に入れても何もチェックしていなかった。それに対する非難はまったく出てこない。僕は規制緩和は原則として賛成です。しかし何でもかんでも民営化、規制緩和だけでは困るので、官の役割は何かということをはっきりと議論したうえで、ということだと思います。

渡邉　規制緩和は今、サプライサイドに対して行われている。耐震偽装問題でも建築供給サイド、ホリエモン問題でも証券の販売サイドに対して行われた。しかし今回の事件は、家を買ったり、証券を買う側の人が未熟だったわけです。たとえば今、洗剤や自動車を買うのにいちいちお上が認可したものだから買うという人はいません。市場において、供給者と需要者の関係がいわば成熟しているからです。しかし住宅や証券は、市場がまだ未熟です。したがって金融庁は本来、1万分割したような会社の株を証券会社で扱わせてはいけないし、変な監査法人に監査させているような会社は東証には入れるべきではない。榊原さんの言うことは当たっているけれども、需要サイドの未熟をどうやって市場が補うか、それを監視するのが官だということを付け加えなければいけない。

加藤 先ほど出た数字を補足しますと、日本の証券取引等監視委員会は2005年度で地方の財務局のスタッフも含めて551人、これに対してアメリカのSECと呼ばれる証券取引委員会は3865人です。もう一つ、重要な経済取引を監視する公正取引委員会ですが、これは日本の場合は706人、これに対しアメリカは連邦取引委員会（FTC）と司法省の両方が担当していて、FTCが1057名、司法省が851名、合計約1900名。ちなみに日本の場合、1995〜2005年の10年間で、証券取引等監視委員会は206人から551人。公正取引委員会も520人から706人。日本の官庁としては異例で、この二つについては増えています。

林 規制の量を少なく、あるいは強さを弱めていくのが小さい政府への指向だと一般的には思うわけです。しかし、事前チェックから事後チェックに移して効果を上げるためには、人を多くしないといけない。証券取引委員会がこの10年間で増員したという事実が、その現れです。効果を上げるために何を求めるか、実質的な選択をしていくべきだろうと思います。

市場に任せるか、国に任せるかを見極める

松本　公務員の数を聞いたら外国よりも少ないのに感覚的にはすごく大きな政府ではないかと思うということとは、まさに、まったく市場原理にかなっていない経済分野がいっぱいあるということです。防衛施設庁談合事件に見られるように、建設業は残念ながら談合の世界で、役所の下に業界があるという構造になっている。

蟹瀬　建設業界の談合も、もとは共済組合的な、小さい零細の建築業者にも仕事がちゃんと回るようにという非常に心優しいところから始まったところが、日本の場合あると思うんです。

松本　逆に言えば市場原理ではないわけですよ。共済ということは、一種かなり官に近い話で、社会保障に近いことをやっているわけです。市場原理と共済をどこで分けるかが問題です。建設業は共済でやるんですか、医療は、年金は？　言葉が悪いけれども建設業が裏の談合なら医療だってある意味では表の談合みたいなものです。全部決めているんですから。でもそれが効果があるのなら、それを選択するか否かをきちっと決めればいいと思います。ただ、市場原理を効かせるべきなのに実は効いていないところがあります。コンピューターや電気の業界では非常に市場原理が効いていますが、公共のコンピューター調達の分野ではどうやら効いていない。

榊原　市場原理をもっと効かせなければならないところはどこなのか。これは明らかに年金や医

療といった社会福祉分野です。ところが今の政治はそこにあまり立ち入らず、年金の民営化などは禁句になっている。また今、日本で価格が公定されているのは薬価と教科書です。しかし本当に国が決めなければいけないのか。たしかに安全性のチェックを国がするのは大事だけれども、ここはやはり市場原理を入れるべきです。一方、今回の事件で明らかなように、建築の検査や証券の監視は国がもっと厳しく行うべきです。おそらくインサイダー取引などが山ほどあると見ています。

市場には、金融商品など情報が非常に重要な分野がある。だから監督しなければいけないんです。経済学の理論では情報の非対象性というのがあり、株の取引などは、一般庶民は十分情報を持っていないが、六本木ヒルズにいる人たちはあそこで情報交換してそれで儲けている。これはインサイダー取引防止で徹底的にチェックしなければいけない。たとえばもし野村證券がTBSを買収するといったら、金融庁は絶対にNOと言います。証券会社が報道機関を持ったらインサイダー取引などはいくらでもできるわけですから。だけど楽天は楽天証券を持っているのに、誰もNOと言わなかった。政治家はそれを止めるべきです。そうでなければ市場の公正さを保てません。そういうやらなければならないことも含めて、何でもかんでも官から民へというのはおかしい。僕は、道路も基本的に民間でやるものではないと思っています。

松本　市場がやったほうがいいところと官がやったほうがいいところと両方ある。それが今どちらか一方に偏っているからもう少し調整しようということです。わかりやすくいうと、4人で雀荘に行くとき、入口規制のある雀荘なら許可をもらった人しか麻雀ができない。だけどフリーの雀荘では自分以外の知らない人ときちっとルールを守ってやる。そのどっちにするかということです。私は基本方向は市場のほうに行くべきだと思っています。ただ、イコール小さな政府ということではなく、最初に政府がたくさん税金を預かってたくさん配るかどうかという点だけに絞って議論するべきで、規制とか市場というのは、大きい小さいというのと区別したほうがいいと思います。

小さいとは何が小さいのか、サイズか権限か

蟹瀬　それは違うと思いますよ。小さい政府、大きい政府といったとき、加藤さんが示したような数字的な、つまりサイズの話をするのか、それとも政府に持たせる権限の話なのか。

松本　それは「小さい、大きい」という定義をした後の「強い、弱い」だと思うんです。つまり規制をきちっとかけるところはかけ、違反者に重い罰を科するのが強い政府ですよね。

蟹瀬　強い弱いというのはまさに権限の問題じゃないですか。

渡邉　政府が価格の決定に関与する大きさが、日本は非常に大きいから大きい政府といっているんです。市場で価格が決まる場合はいわば市場経済です。先ほども言ったように、米も電力も、政府の規制は供給者を守るものが大部分でした。需要側は高度成長で生産性が上がれば、物は安く買

えると信じてきたが、国の規制はそれを裏切ってきた。それによって被害を受けているのは何も言えない消費者です。公取の規模は政府自身が決めたことで、何も民が選択したわけではない。
アメリカではエンロン事件が起きたので大改革をして、大きな規制にはめ込まざるをえなくなった。日本の証券界だって、こんなことをやっていたらまた元に戻りますよ。東証や証券会社や公認会計士などの体質改善をしなければ、持続的で良質な市場は保てない。買う人を守れない。

榊原　通常、僕は渡邉さんと99％意見が一致しますが、今日は違うことを言います。２００４年に公取が権限を強化しようとして独禁法の改正案を出したら、経団連が大反対して、強化ができなかった。つまり何でも民にすれば良くなるということではなく、今度の防衛施設庁談合の話だって、あれは皆大企業が絡んでいるんです。大企業に本当に企業倫理があったら、あんなことは起こらないはずです。役人も悪いが、それを受けた大企業もまた悪いではないですか。

林　いちばん大事なのは、きちんとルールを決めて、違反者にはペナルティを課すという仕組みをつくることです。その際、価格を直接決めるような規制と、競争のルールを守らせる規制等については、分けて話をしないといけません。役所のナントカ産業課のようないらないところを減らして、公取がそういう規制をきちんとしたら、差し引きでは公務員の数は減りますよ。間違いなく。

蟹瀬　突き詰めていくと政府の仕事、政府の役割というものはどこまでなのかという話ですね。

林　今あるものを減らして残すのではなく、たとえばタクシー業の認可係をしていた人を、業界参入の自由化後、悪いことをした人を捕まえるほうに振り分けるということだと思います。

政府が本当に果たすべき役割は？

蟹瀬　政府の役割について最低限これとこれは必要ということがわからないまま議論が進んでいるし、マスコミは政府や役人が税金を使って飲み食いやわけのわからない施設を建てているというのを叩いて報道するのが一番受けがいいからそればっかりやる。けしからん、小さくしろという話になってしまうと、本来の政府がやらなければいけない仕事というのが見えなくなってしまう。

林　まず政府はどういう仕事をやるべきかを議論したうえで、その仕事を最小のコストで効率的にやるというのは当たり前の話です。それは大きい政府とか小さい政府というのと違う話だから分けないといけない。何をするのかという、仕分けみたいなことをまずやって、これは要る、これは要らないと分けたうえで、仕事が決まります。しかしその仕事をやるときに、何か副業みたいにホテルを建てたり、飲み食いしたりというのでは、まともな議論の対象にはなりません。

ちょっと観点が違いますけれども、国家が資格を与えるいろんな制度がありますね。お医者さんを頂点にした多様なメディカルサービスや、弁護士や司法書士といったリーガルサービスなど。資格がなければ仕事ができないというのが一番強い規制ですが、今、リーガルサービスの分野ではかなり自由化が進んで、たとえば裁判所で小額な事件を扱う場合は、司法書士も弁護士と競合する分野が出てきたわけです。すると両方の資格で安く早く有利に解決する人が成功する。司法制度改革はここ数年でかなり大胆に進んでおり、これは国民のニーズにかなった改革で、規制緩和の良い例だと私は思っています。ところがメディカルサービスの分野では、保険制度での支払いという大きなパイの枠があるものだから、なかなかそうは変わらない。これは国民のためになっていません。

盤瀬　小さな政府の一番問題となるのは福祉ですね。かつてイギリスはゆりかごから墓場までをめざしてうまくいかなかったが、日本の納税者はどのへんまでを政府に期待して、どのレベルまで自己責任でやろうと思っているのか。僕は自己責任という言葉はあまり好きではないんですが。

林　何でもコンセンサスを取るのは、教育の弊害でしょう。答えは一つだと教科書通りに習うわけです。私が留学したときビックリしたのは、1時間半さんざん議論しても答えがなかったことでした。つまり議論自体が学習の目的で、世の中に答えが一つしかないなんてことはおよそないんだと。考え方が三つも四つあって、行ったり来たりしながら選択するのがいいわけです。

たとえば年金だって、今から30年かける人と、すでにもらっている人とでは絶対に立場が違うから意見が違います。医療だってそうです。だから、これが万人に対するベストな答えだというよりも、せっかく二つも党があるのだから、それぞれが答えを主張し合えばいいのではないかと思います。小さい政府はあまり税金を取られないから金持ちには有利だが、あまりお金がない人には、むしろ皆から税金を取ってもらって、政府でやってもらったほうがよい。どっちが正しいというのではなく、その人の置かれている立場とか、人生のどのくらいの地点にいるかによって選択可能であるべきで、こっち行ったり、あっち行ったりしてよいのではないか。イギリスだってサッチャーになり、ブレアになり、その前は全部国有化の時代があったじゃないですか。

榊原　林さんのおっしゃることは学者の議論であって、政治家なんだから自民党としてどういう選択をするのかを明示して選挙を打つべきなんですよ。ところがこの間は郵政民営化だけで選挙を打ってしまった。年金をどうするのか、医療はどうするのか、ということをマニフェストに書いたうえで選挙をやるというのが政治の役割です。おっしゃるように、答えは一つではないです。けれども、国民はそのときそのときで選択しなければならないし、その選択を迫るのが政治でしょ。ですから年金や医療をどうするんだということを自民党は明確にしないといけない。

渡邉　高齢者が増えて現役が減っていくという現実を前にして、何をやらなければいけないか、政治は明確に答えを出さなければいけない。団塊の世代が65歳になったら給付額がどんどん増えます。ところが、それまでにはあと4~5年あるというイージーな考えで議論が進んでいない。

社会保障においてもある程度の自助は必要

蟹瀬　では年金の問題にどういうふうにお答えになるか、先生方にうかがいましょう。

林　私はかつて主張したように、財政が健全であれば、少子高齢化社会にあっては消費税方式が一つの道であると今でも思っています。2004年の年金法案では強行採決してずいぶん批判されたけれども、マクロスライドを入れて、一度決まった年金の給付ですら場合によっては下がりますよと。100年もつかという意見があると思いますが、現実の運営としてやっていかないと。

蟹瀬　今日は年金の話がメインではありませんが、100年安心というのは詐欺に近いですね。そう言った人はそのときには死んでいるから、責任を取らなくていい。たとえばシンガポール方式のように自分の老後は自分で面倒をみる、つまり所得の一部分を、性悪説にのっとって強制的に政府が一定割合を貯金させるわけです。個人の口座から、所得の一部分が自動的に天引きされて貯金になる。それは年金としてだけおろせる。しかし、このシンガポール方式の一つの大きな欠点は、所得の少ない人に対して補償が非常に少なくなってしまうことなので、そこだけ政府が多少の税金で補填をする。今もらっている人からは少しずつ減らしていくようにして、何年後にこれをスタートしますと言えばいい。その後は全部チャラにする。政治家が決めればいいだけのことです。

松本　清算はできないけれどせめて一度年金をきちっと決算する、そのうえでどうするか。一元化という言葉が一人歩きしていますが、一元化は一つの方法であって、それ以外でもいろんなアイディアがある。お金の話になってきますけれども、医療は提供する方もいるし、提供の仕方も予防の仕方もいろいろあるだけに、もっと工夫の余地があるだろうと思うんです。

松本　医療の場合、現在日本はすべての人のすべての種類の病気を診ているわけです。これをそろそろ、人は皆診るとしても種類は診ないようにしようというような議論が出始めています。さらにアメリカ式に人についても診ないという話も出てきています。自動車保険に顕著なように、保険を本当に民間化していったら、おいしいところだけに向けて保険をつくっていくことになります。元気な人だけとか。そうしたら必ず弱いところにしわ寄せがいく。そういう意味で、医療にはやはり一定の割合で強制的な保険が必要だと思います。ただ、医療で働いている人や仕組みの中にいる人には、多少市場原理的なインセンティブが必要だろうと思います。

山口　先日、谷垣財務大臣が「中福祉低負担」という言い方をしました。社会福祉は中ぐらいの水準にあるが、負担がそれに伴っていない。それはある意味で当たっているだろうと思います。ですから負担と給付が見合うようにするためには、社会保障制度の中身を変える一方で、負担の水準も国民の皆さんにお願いをしなければいけない。その前提として、政府が自らのさまざまな歳出を継続的に削っていく仕組みをビルトインしていかなければならないと思います。

榊原　国がどこまで面倒をみるかではなく、国民がどれだけ他の国民の面倒をみるか、なんです。国は固有の財源を持っていないわけですから、国が払うということは皆さん方一人一人が払うということなんです。今の世代が払わなかったら、次の世代が払う。貧しい人が払わなかったら、金持ちが払うわけです。そういう原理原則が忘れられてしまった。その最大の責任は政治家にあります。この20年間、政治家が高福祉低負担みたいな甘いことばかり言ったからです。だけど、高福祉低負担ではもたないんです。そこのところをきちっと考えたうえで、年金や医療をどうするのか。

林　おっしゃるとおりですが、高度成長の増収時代も、そのあとに消費税を入れたのも、５％にしたのも自民党政権です。そのことだけは申し上げておきたいと思います。

渡邉　憲法で保障されたナショナルミニマムについては政府が保障するが、国民のほうもそれなりの負担をすべきです。僕は憲法改正をしようとしている先生方に言いたい。なぜ憲法は「自立」を最初にうたわないのか。自立があって初めて国は成り立つのだと思います。個人も、企業も、地方も同じです。これがあって初めて、国は健全な競争力を保ちながらやっていける。しかし、不幸にしてそこから外れた人には、徹底的に国は責任をもって何かをしてあげなくてはいけない。

地方へ権限を移すには国のかたちを変えること

盤瀬　最後はお上に頼るというのは、封建社会の歴史が長く、滅私奉公で働いてきた文化的な背景や国民性もあるでしょう。今、渡邉さんのほうから中央と地方の問題が提起されましたが、地方への権限の委譲をどういうふうに考えていけばいいのでしょうか。

林　たとえば、区議会議員選挙、都議会議員選挙、県議会議員選挙などで増税を訴えて選挙で戦うようになれば究極だと思いますが、現状ではまずないです。増税するとそれだけ地方交付税が減ってしまうような仕組みもありますから、その仕組みを今、変えているところがあるんです。

たとえば国家公務員の給与を100として地方公務員の給与水準を示すラスパレイス指数というのがあります。たとえばある市がこれを83にしたとして、その分地方交付税も83に減るかというと、100もらえる。つまり17は市の他の仕事に使えるんです。そういう事例をすべて、ちゃんとやっているところから大阪みたいに背広まで配っているところまでホームページに載せて、うちの町はどうなっているのかなと住民の方に比べてもらい、そういうことをやる議員を当選させるというふうにならないとだめです。国のほうからこういうふうにやれというのは地方分権とは逆行です。

渡邉　それは先生、政治的にやることの放棄ですよ。地方で細かい増税をして、自分のリスクをかけて選挙をやるなんていう首長はいませんよ。なぜなら国に頼ればまだ交付税だって補助金だってもらえると思っている。我々は交付税分ぐらいは全部地方へ税源移譲するべきといっているんだけれども、まだ半分ぐらいしかやっていない。それをやらずに、今の制度でさらに地方が独自に増税で税源を確保しなさいなんて、そんなリスクを負う知事や市長がいたら顔が見たいですね。

林　なかには、バランスシートを一軒一軒3年かけて全戸に配布した首長さんもいるんです。ただ、交付税が全部なくなってしまったら、結局黒字のところと赤字のところの格差がますますつくわけでしょ。だから、所得の再分配をやるために所得税があるのと同じように、地方交付税というのは国で大きな財布の中に集めて、再分配をして地方の財政が成り立つようにする機能なわけです。それを全部なくすというわけにはなかなかいかないのではないですか。

渡邉　交付税で貧しい県と豊かな県を多少調整するお金は3兆円ぐらい残さなければいけないに

しても、それ以上のものはもっと自立をさせればいい。そういういろんな問題をもっと政治が真剣にやらないと、財政を再建することなんかできないのではないですか。

松本　国が法人税でも苦労しているように、地方が個々に課税をするというのは、選挙上むずかしいという問題は確かにあります。税金を上げたから人がいなくなるとか、経済活動がなくなるということが実際あるんです。そういう意味では一定の割合できちっと縛らざるをえないところはあるのではないかなと思います。もう一つは、同じ活動をしていても、本社が都市に集中していると、そこから上がる税収が多いという、入口の調整の問題もあると思います。

蟹瀬　今、お話をうかがっていると、ケガがすごく大きいのにそこに一所懸命バンソウコウを貼って治そうとしているという印象しか受けないんですけれども。

榊原　僕は国と地方の問題というのは、国のかたちを変えることだと思うんです、司馬遼太郎的に言うと。中央の政治家が思い切って大きく国のかたちを変えるには、相当の蛮勇を奮わないといけない。道州制は一つの例ですが、基本的に総務省はいらないなど、抜本的なことを考えなければいけない。ここにいらっしゃる先生方は立派ですけれども、政治家が小粒になりすぎましたね。僕もこの間、前原体制を批判して「これは課長補佐体制である」と言ったんですけれども（笑）。細かいことを精緻にする以上に、大局観を持った政治家が必要です。かつての吉田茂とか池田勇人とか岸信介には、ある種の大局観があった。国のかたちをどうすべきか考えていた。

国と地方の問題も、年金と医療の問題も、国のかたちを変えないとうまくいかないんです。そこのところはぜひ皆さん、まだお若いんですから、大局観を持った政策をつくっていただきたい。地方のことは交付税をどうするとか、補助金をどうするとか、三位一体とか、そういう話ではなくなってきているんです。連邦制にするのかしないのか、あるいは江戸時代みたいに三百諸侯にして基礎的自治体でやるのか、国の役割と地方の役割、官の役割と民の役割は何なのか。また教育は、ほとんど地方に任せていいと思います。そういう基礎的な議論をぜひやっていただきたい。そのうえで憲法改正をやっていただかなければいけないのではないかと思うんです。

蟹瀬　小さな政府を実現するときに付随してくる、中央と地方の行政区分のつけ方とか権力やお金の分配などをきちんとやらないとだめですね。廃藩置県みたいに道州制というのも一つの選択肢だし、アメリカのように連邦政府と州政府でやる方法もある。ドイツみたいに地域のほうが強くて、中央政府は国が最低限必要な部分だけやるというかたちもある。そうすると考えなければならないことが少なくなるわけです。議員の数を半分にしても、議員が細かいことまでいちいち気にしないで、大局観を持った決断とか選択ができるようになると思うのですが。

渡邉　教育で言えば、東京と北海道で同じ人間を育てるなんてありえない。北海道では、農業を愛する人間や観光サービスを考え出す人間を育てるべきです。ところが北海道に行ってみると、観光業に携わっている人が口のきき方も知らない。人を見たらまず笑顔が第一で、空港の掃除のおばさんでも「いらっしゃい、ようこそ北海道へ」という精神で接しなければいけません。フィンランドやスイスなど人口５００万〜１０００万の国は皆テクノロジー、金融など個性のある国づくりをしていますそしてタックスペイヤーは自分たちの払った税金が有効に使われていることを確認し、人も歩かない道路にガードレールをつけたり、横断歩道をつくっているような金があったら他へ使えと言わねばならない。つまり供給者原理のお金の使い方を是正しているわけです。共稼ぎ社会ならそれに見合ったコミュニティのあり方を警察も含めて工夫しなければいけない。学校の場所や送り迎えのバスなどをほったらかしにしないで、きちんとやらねばならないのです。

蟹瀬　ヨーロッパでは、大きくても人口30万ぐらいの都市で、住民が今何を求めているかというコンセンサスをしっかりとって社会コミュニティづくりをしている。そのかわり、行政区域を大きな枠で取っているので、地方議員はあまりたくさんいらない。そうすれば、政府のかたちはずいぶん変わってくるはずです。その一歩手前のところで、構想日本では地方自治体の事業の仕分けをお手伝いしていますよね。その中で、無駄な部分というのはどういうものが出てきたのですか。

自治体の仕事を要る・要らないで仕分けする

加藤　構想日本は2002年からこれまでに、15の地方自治体で「事業仕分け」ということを行ってきました。これは行政の事業を予算の項目ごとに仕分けする作業です。県ならば4000〜6

000項目ぐらいある事業項目を一つ一つ、要るのか要らないのか、要るとしても県で引き続きやるべきものなのか、市町村に任せたほうがいいのか、あるいは国へ持って行ったほうがいいのか、というふうに、県の担当者と我々が公開の場で議論しながら仕分けしていくわけです。すると平均して、引き続き県でやったほうが良いというのが約60％。残り40％のうち、要らないのが約15％。残りの25％については、たとえば市あるいは国にもっていく、という具合に、県の仕事がぐっと減るんです。ただしあくまで議論しながら仕分けていくので、一方的に要らないと言うわけではありません。むしろ議論していく中で、市や県の担当者からも「これは要らないですかね」となる。じゃあ何でやっているのかを確認していくと、実は背後に国の決まりがいっぱいあるわけです。

たとえば、道路です。町や村の中の生活道路の場合、幅は約5ｍ、構想日本の計算では工事費は1ｍ当たり約11万1０００円かかります。ところが、長野県の栄村というところでいろいろ工夫したら、1万9０００円でできた。なぜ6分の1でできたかというと、まず幅を3・5ｍにした。除雪車が通ればそれで十分なんですね。1ｍ当たり11万1０００円というのは、国の道路構造令で定めた細かい規則に従うとそうなるわけです。その代わり、その場合費用の半分、つまり5万5０００円は国から補助金が出る。しかし栄村は、国から補助金をもらうよりも、もっと村費を節約するために、国のルールにあえて従わずに工事をしたわけです。同様に、学校の天井の高さは3ｍないといけないということが文科省で決められていました。そういうことがいっぱいあって、地方が自分たちに合った独自の工夫をしようとしたらかえって怒られる。強力な国のコントロールが全国に及んでいて、口を挟めない。地方自治体の首長さん、議員さんには、なかなか自分たちからそれを変えていこうという人は少ないんです。事業仕分けは、国と地方の仕事の分担と国のコントロールの実情を明らかにしますから、実質的に小さな政府を実現するうえで大変有効な手法です。幸い、横浜市や新潟県、千葉県、滋賀県の高島市などでは、事業仕分けの結果を実際に予算編成などに生かしています。さらに、この事業仕分けは2005年の総選挙で公明党と民主党が公約に掲げ、国の予算についても実施しようという方向になっています（編集部注・その後、行革推進法、政府の2006年度「骨太の改革」にも採り入れられた）。

小さくても輝く国にするには〈共助〉の思想で

蟹瀬　では、ここで会場の皆様から質問をお受けしようと思います。

会場1　地方は、人が亡くなっても信号機一つつけるのにも本当に予算がないんです。そういう中で、地方交付税を無駄遣いと捉えられるというのは心外です。

山口　地方はおそらく交付税で財源を保証される仕組みに慣れすぎてしまって、自分たちで財源をつくり出すとか、無駄をカットするということを今までやらなさ過ぎたのではないか。今、自らの仕事を自ら切っていくという決断をすべき時代に入ったと思います。事業仕分けというのは国も地方もやらなければいけないという意識を地方にも持っていただきたいと思います。そのうえで、基本的に財政調整制度は維持すべきです。東京で税を吸い上げて地方に配るのでなく、地方のそれぞれに財源を生み出す元をつくるようなことも、中長期的には考えないといけないと思います。

会場2　現在歳出が80兆もあるのに40兆しか歳入がありません。毎年30兆ぐらいの国債を出しているような状況がいつまでも続くものではないと思っているんですが、いかがですか。

榊原　今、国と地方の負債の総額が８００兆円弱です。にもかかわらず危機的な状況にならないのは、日本の個人資産が１４００兆円あるからです。そのかなりの部分が銀行や生命保険会社にいって、そこの人たちが国債を買っているわけです。ですからおそらく、あと5～7年はこのままでも大きな爆発はないですね。私の印象では、その間に８００兆円が１０００兆円になり、１１００兆円になる。しかし個人資産は１４００兆円よりあまり増えないでしょう。だからどこかで逆転する。そうなる前に、この5～10年の間に、抜本的な財政改革をやらなければいけない。そろそろ消費税を含めた議論を各党でやっていただかなければいけないと思います。

林　会社で言えば、経常収支をまず黒字にしないと借金を返せないわけです。ですから何とか２０１１年に黒字にしようという目標を立てています。そこから借金を返し始めて、個人資産と逆転する前に黒字が少しでも出れば最後は返せます。しかし最後は名目成長率と名目金利との戦いになりますから、政府だけでなく日本銀行が協力することも欠かせないと思います。

蟹瀬　国民一人当たり600万ぐらい借金があるとよく新聞、テレビでも言いますが、あれは嘘だと思うんです。だって日本国全体は、貧しくなっていないじゃないですか。家の中で旦那が奥さんから借金をしているような状態で、そんなに心配しなくてもいいのではないか。むしろ心配なのは、赤字国債の出し方です。一番安全な投資ですと言ってバンバン出して買ってもらう。こんなに金を集めやすいことはない。札びら切っても借用書刷ればいいという政府のモラルハザードこそ一番大きな問題であって、一人600万円の借金という言い方はマスコミも悪いと思います。

榊原　財務省が知恵を絞ってそういうPRをしているんです。

渡邉　日本の国民もお人よしというか、日本の将来はまだ大丈夫だと信じています。だけど実際は破裂寸前の風船、どんどん血管に血液が詰まりだしている。明日脳溢血で倒れるかもしれない。そういう状況を健全化することを政治の最大の真剣な問題にしてもらわないと困る。個人資産が1400兆あるから心配することないよと言ったら、一般の人は誤解してしまうでしょう。

会場3　日本はGDP上はすでに豊かな国になっておりますが、これからもっと大きな国になればいいのか、小さいけれども効率的な国になればよいのか。大局的にうかがいます。

榊原　日本の人口が減っていると騒がれていますが、僕は減ってもいいと思うんです。小さいけれども光った国にすることが非常に重要だと。高福祉高負担の時代はもう終わりました。政府は小くても優しくあるべきです。地方をケアしながら、なおかつ豊かな社会はつくれると思います。

今の日本は、官も民も利益至上主義でパブリックマインドがなくなりました。そこは我々が反省しなければいけない。パブリックという理念をきちっと確立することによって、小さいけれども輝いている国にすることは可能です。そのために国のかたちを変えていく。人口が減れば成長率が落ちますが、落ちてもいいじゃないか。そういう世界にしていくことが大事なのだと思うんです。

松本　今榊原さんが言われた公の部分というのを、官と民のおまけではなく、重要なセクターとしてきちんと考えていただきたいと思います。介護も子育て支援も教育も、お金をかけずにフォローしていかなければいけない。無償でも何かをやれてよかったという気持ちを私は信じたい。そのことがちゃんとできるような仕組みをつくれるかどうかが政治に問われていると思っています。

林　自助、公助、共助と何回も言うようですが、税金を払ってやってもらうというだけに頼らずに、自分たちで支え合うのが〈共助〉だと思うんです。保険にかかわらずＮＰＯや公益法人などの部分を大きくしていくということを、もう一回申し上げたいと思います。

渡邉　民が悪いことをするのではという意見はあるが、私はまだ民を信じるべきだと思っています。最近は格差社会と言われることが多くなりました。ただ構造改革の目的は弱者と強者をつくりだすことではなく、資源をより公平に効率的に移していくことです。その過程では摩擦が起きるが、それが終わったときに全体の最適の幸せが実現できるかどうかが問題です。

蟹瀬　私は、小さい政府か大きい政府かの二者択一の落とし穴には絶対落ちてはいけないと思っているんです。今日皆さんのお話をうかがっていてわかりましたが、我々は良い政府を求めている。最大多数が最大幸福を求める中で、一番効率の良い政府の形態はどうなのか。今の形態をそのまま維持しながらあちこち減らしたり増やしたりということよりも、もう少し抜本的に、まさに本当の構造改革をやっていかなければならないと思います。本日は皆さんありがとうございました。

加藤　今日は公、私、官、民といろんな言葉が飛び交いました。しかし、公私でワンセット、官民でワンセットかというと、これは違うんですね。民＝マーケットやビジネスでもないし、公＝官ではないんです。１００年前の日本では、公的なことの多くは民がやっていた。教育は寺子屋という民がやっていた。ビジネスとしてでなく、ほぼボランティアの民です。消防も、今は官がやる典型みたいなものですが、昔は火消しという町の人がやっていた。公共事業だってそうです。

先ほど、国の規定で道路工事が１m当たり11万１０００円かかるところを栄村は1万９０００円でやったと申し上げましたが、同じ長野県の南のほうにある下条村では、なんと３０００円でやった。村費で出したのはセメントと砂利の材料費だけ。あとはボランティアです。３０００円の村は低負担低福祉、11万１０００円の村は高福祉高負担というわけですが、一見、立派な道路とやっとつくった道路と思えても、現実は違うんです。俺たちがつくった道路だという満足度も加わって、低コストでなおかつ高満足度ということは十分あり得るんです。10億円で立派な福祉施設をつくって、1億円の予算をつけてお年寄りの面倒をみるのと、１０００万円のお金でＮＰＯが訪問介護をするのとでは、金額が多いほうが年寄りの満足度が高いというわけでは決してないんですね。しかし、政治家はなかなかお金の問題ではないだろうとは言えないんです。また、これは政府の問題以前に国民の問題だとも言えない。そうであれば、それは自分たちで考えるしかないんだと思います。そんなことを皆さんそれぞれが今日の話からお考えいただければと思います。

今日は事業仕分けの話もしましたが、仕分けをするうえで一番大事なことは、公開の場所であるということです。住民あるいはマスコミの人が見ている中でやり取りすることが大事なわけです。ところが、閣議決定で国も事業仕分けをすることになったものの、公開という言葉がなくなりました。透明性の確保に留意しつつとかいう役人言葉に変えられてしまったんです。ぜひ皆さんも、国の事業仕分けが公開の場でできるように応援をして下さい。今日はありがとうございました。

2003年3月30日　第33回 J・I・フォーラム
「選挙で政治を変えよう――今こそ、政策を競う選挙を訴える」より

選挙で政治を変える

討論者

枝野幸男　衆議院議員（民主党）
柿沢弘治　前衆議院議員
河村たかし　衆議院議員（民主党）
菅　直人　衆議院議員（民主党）
塩崎恭久　衆議院議員（自由民主党）
高市早苗　衆議院議員（自由民主党）

堂本暁子　参議院議員（無所属の会）
中村敦夫　参議院議員（国民会議）
広中和歌子　参議院議員（民主党）
山中あき子　衆議院議員（自由民主党）
山本孝史　衆議院議員（民主党）
小田全宏　（株）ルネッサンス・ユニバーシティ代表取締役会長

コーディネーター

山田厚史　朝日新聞編集委員

枝野幸男（えだの　ゆきお）
衆議院議員。1987年東北大学卒業後、弁護士を経て93年衆議院議員初当選。新党さきがけ政策調査会副会長、民主党政策調査会長代理、衆議院予算委員会筆頭理事、民主党政策調査会長等を歴任。現在民主党憲法調査会長。

柿沢弘治（かきざわ　こうじ）
前衆議院議員。1958年東京大学卒業後大蔵省入省。75年内閣官房長官秘書官。77年参議院議員、80年衆議院初当選。環境政務次官、運輸政務次官、外務政務次官、外務大臣を歴任。現在政策大学院大学教授、東海大学教授。

河村たかし（かわむら　たかし）
衆議院議員。1972年一橋大学商学部卒業。93年日本新党より初当選、新進党、野党自由党を経て民主党所属。現在法務委員、裁判官訴追委員。

菅　直人（かん　なおと）
衆議院議員。東京工業大学卒業後、特許事務所を経て、1980年衆議院議員初当選。96年鳩山由紀夫氏らと民主党を旗揚げ。98年新生民主党代表。現在、民主党代行、農林漁業再生本部本部長。

塩崎恭久（しおざき　やすひさ）
衆議院議員。1975年東京大学卒業後、日本銀行入行。93年衆議院議員当選。第２次橋本改造内閣大蔵政務次官、衆議院法務委員長、第３次小泉改造内閣外務副大臣を歴任。

高市早苗（たかいち　さなえ）
衆議院議員。神戸大学卒業後、松下政経塾卒塾。1993年衆議院議員初当選。衆議院文部科学委員長、憲法調査会長、通産省政務次官など歴任。現在予算委員会、憲法調査特別委員会所属。

堂本暁子（どうもと　あきこ）
千葉県知事。東京女子大学卒業後、TBS入社。1989年参議院議員当選。自社さ連立与党の政策調整会議委員、新党さきがけ議員団座長を歴任。世界自然保護連合理事、地球環境国際議員連盟第5代世界総裁。01年より現職。

中村敦夫（なかむら　あつお）
俳優、作家、元参議院議員。東京外国語大学中退。俳優座を経てＴＶ界に進出。98年参議院議員初当選。議員連盟公共事業チェック議員の会会長。04年参議院議員選挙に出馬、政界引退。

広中和歌子（ひろなか　わかこ）
参議院議員。お茶の水女子大学卒業。1986年参議院議員初当選。国務大臣・環境庁長官、参議院科学技術特別委員長を歴任、現在、民主党副代表。

山中あき子（やまなか　あきこ）
衆議院議員。津田塾大学卒業後、米国戦略国際問題研究所(CSIS)上席研究員、英国オックスフォード大学上席研究員などを経て、現在外務大臣政務官。

山本孝史（やまもと　たかし）
参議院議員。立命館大学卒業後、米国ミシガン州立大学大学院修士課程修了。1993年衆議院議員初当選。01年参議院議員初当選。民主党NC厚生労働大臣、民主党新緑風会幹事長、参議院財政金融委員長等を歴任。

小田全宏（おだ　ぜんこう）
株式会社ルネッサンス・ユニバーシティ代表取締役会長。東京大学卒業後、松下政経塾を経て1991年同社設立。96年リンカーン・フォーラム設立、全国で立候補者による公開討論会を実現。

山田厚史（やまだ　あつし）
ジャーナリスト。1971年朝日新聞社入社。ロンドン特派員、バンコク特派員などを歴任。経済部、AERA編集部を経て現在朝日新聞編集委員。

山田　今日は豪華メンバーにたくさん集まっていただきました。全国で選挙の立候補者による公開討論会を実行されている小田全宏さんと、かつて議員活動をされていた柿沢さん以外は、皆さん国会議員の方々です。今まで有権者にどのように問いかけ、どのようにその困難を乗り越えてきたか。さまざまな選挙活動の制約があって思うようにいかないことが多々あると思いますが、そういう壁を乗り越えて有権者とのコミュニケーションを図りながらどう改革を進めていくべきか、その方向を考えていきたいと思います。まず、前衆議院議員の柿沢さんからお願いいたします。

街頭演説、新聞発行……それでも埋まらぬ有権者との距離

柿沢　1977年の選挙で、東京から新自由クラブの候補として参議院選挙に出ました。以来23年間、ずいぶん私の政策の伝達方法は変わったと思います。最初は街頭に立ってスピーカーで話をしました。しかし聞いてくれないのです。ある日、渋谷のハチ公前で演説していたら、若い女性がずっと聞いてたので、その方に向かって一所懸命話しました。しかし、まもなく若い男性が現れ「悪いね。待たせて」。待ち合わせの間の暇つぶしに聞いていたんです。がっくりしました。

当選後、私は「出会い」という新聞をつくりました。第三種郵便をとろうとしたところ、3年間

1000人の有料の定期購読者がいなければいけないという条件で苦労しました。本も1977年に出した『大蔵官僚どぶねずみ』から始めて、毎年1冊出しておりました。「朝まで生テレビ」などの政策討論番組によく出ましたが、国会の中で目立ちたがり屋という芳しからぬ評価をいただきました。今ではテレビに出ないと大物とは言われないようで、時代が大きく変わったなと思います。

山田　政策を伝えるといってもなかなかそのチャンネルがないのが一つの問題です。山本さん、特に新しく選挙に打って出られる人にとっては有権者との距離が遠いのではないですか。

山本　93年総選挙、細川護煕さんの日本新党やさきがけ、新生党など新党ブームが巻き起こったときに、ここにおられる枝野さん、河村さんたちと国会へ打って出た仲間の1人です。我々のようにお金がない、地盤がない、顔も売れていない、という人間は、朝から晩まで街頭に出て徹底的に自分の主張をしまくる以外にありません。それ以外は自分のお金をつぎ込んで新聞をつくって配るとか、1軒1軒回るなど、いわゆるどぶ板的なことになるのだと思います。最近はインターネットで自分のホームページを開く、あるいはメールマガジンを送る、という新しい手段が出てきましたが、地元の有権者にまんべんなく届くかとなると、かなり限られてくると思います。とにかく制約の中でいろんな手立てをやってみるしかないのかな、と思います。ただ、自分はどんな人間で何をやりたいのか、という一連の流れをうまく有権者に伝える工夫をしないと、やたらいろんなことをやっても、相手にイメージは残らないと思います。だからこういうことをやりたいのだという胸に残るストーリー性を大切にして訴えるのが良いのではないかと思います。

山田　山中さん、比例区ですと、個人を売ることがむずかしい場合があるのではないですか。

山中　96年10月に、衆議院選挙では比例区と小選挙区が並立するという新しい制度ができ、初めて新進党から比例区で出ました。あるとき、私が出たブロックで小選挙区に立候補された方と演説をすることになりました。その方が地元のことを話されたので、私は21世紀の世界の動向について手短に話したところ、その方は「この人は比例区で国際的なことを、私は皆さんの地元のことをがっちりやります。両方ともよろしくお願いします」とおっしゃった。比例区と小選挙区とで衆議院議員としての活動に差があるとは思いませんが、多彩な人材が国政の場に参加する一つの手段として比例制度の導入は有効なんだな、と思いました。

山田　広中さんは比例区と選挙区と両方経験されていますね。有権者への距離感はどうですか。

広中　もし比例区という制度がなかったら、多分私は選挙に出なかったと思います。政治は自分には関係のない世界だと思っていた私がチャンスをいただいてお受けしたのは、政治は非常に大切なのに、日本では貶められ、政治家が馬鹿にされている。しかも日本には変えなくてはならないことが山ほどある、と思ったからです。そこで、党に拘束されず党員にもなる必要がないということで、86年に比例区から公明党推薦で出ました。94年は新進党結成に参加し、98年の参院選では比例区を2期やったのだから今度は選挙区で挑戦してみないかと言われ、千葉の選挙区から民主党候補として出ました。12年議員をやってきた自分が政治家として通用するのだろうかという思いがあり、落ちてもともとで挑戦したわけです。そのときは橋本政権で私は野党でしたが、現内閣の批判よりも21世紀の課題である〈医職住〉に関する政策を訴え、当選させていただきました。

山田　政党に属せずたった1人で政治を始めるのはなかなか大変です。ある意味でベンチャーをなさった中村敦夫さん、既成政治の壁みたいなものをどう感じられましたか。

中村　私は俳優の他に情報キャスターをだいぶ長くやっており、世界中をいろんなテーマで取材しました。選挙で非常に印象に残っているのは、ギリシャのアテネに行っていたときのことです。取材後の夕方、広場の噴水脇に腰掛けて一服していると、終業時刻で人がぞろぞろ広場に出てきました。そのうち近くにいた2人の市民が論争を始めた。するとそこへどんどん人々が加わる。お互いに見ず知らずですが、たちまち輪が大きくなって、あちこちで分裂し、とうとう広場は人の波でタクシーが通れないほどになった。ついにはタクシーの運転手も降りてきてその論争に加わりました。何をやっているのかと通訳に聞くと、総選挙が近いので、彼らは政策論議をやっているのです、と言うんです。これには驚きました。日本と全然違うな、さすがに民主主義国家の原点となったギリシャだな、と感心しました。欧米の選挙に対する人々の距離感と、日本の人々の選挙に対する距離感の違い、文化的にも歴史的にもマインドが違うことを思い知らされました。

日本の選挙とは、組織選挙なんです、基本的には。たとえば比例区にしても政党そのものが組織に支えられている。地域や血縁団体、企業の団体、労働組合、宗教団体などが政党の基本になっています。しかし、国自体の骨格が崩れそうで国のビジョンを変えなければならないときに、組織選挙では融通がきかないんです。ただ、日本でも大都市圏と地方では選挙の質が違います。地方では組織や団体の圧力が圧倒的に強くて個人有権者は縛られますが、東京くらいの人口になると縛りがきかなくなり、個人有権者と団体有権者というものに分かれます。私の場合は普遍的な日本の国のビジョンを訴えたかったので、個人有権者の支持を得て奇跡的に勝ったということです。

山田　一方で、政権政党の塩崎さんにおうかがいします。党の意見と自分の意見に乖離があるというような悩みをお持ちになっておられるのではないですか。

塩崎　自民党というのは、理念政党ではなく、偉大なる「その他」というのが本質的な性格ではないかと思っています。したがって哲学や政策でスパーンと切れる政党では決してない。私は非主流派ですが、党の中で自分なりの考えでいつも物事を言っております。その手段の一つは、駅前でもう10年も続けている街頭演説です。95年に初当選し、細川政権ができて野党になったとき、「恭久の瓦版」という新聞を自分でワープロで打って配って回りました。けっこう評判がよかったものですから、今もずっと配っております。最近では自分のホームページで、バーチャル自民党総裁選挙をやりました。こうした手段で、あまり党という枠組みにはこだわらず、何が日本のためになるかということを軸に政策を訴えかけているのが現状です。

山田　菅さんは、市民の声を政治に反映させるためにどんな活動をされてこられましたか。

菅　私はロッキード事件のあった1976年、革新系無所属として東京7区から初立候補しました。事前のポスターはお金がなくてつくれませんでした。相手候補のことは一切言わず、田中角栄対菅直人という点を集中して訴えましたが、7万数千票もいただきながら次点で落選してしまいました。そのあと柿沢さんと一緒にやってまた落選、その次も落選、そろそろ辞めようかと思っているときに衆議院が急な解散になり、4回目の選挙でやっと当選しました。主な選挙運動は皆さんと同じく、一番安くて少人数でできる朝の街頭演説を10年以上、毎週月曜日に続けてきました。ビラはわりとよく出しました。最近は年3回「菅直人レポート」をボランティアスタッフの方々に配っていただく体制ができ上がり、ホームページも立ち上げました。1日150人ぐらいがアクセスしてくださいます。いずれも地道な活動ですが、自分なりのテーマを訴えきれるかどうかが重要だと思います。

山田　堂本さん、河村さん、高市さんに続けておうかがいします。

堂本　私は新党さきがけから比例区で出ました。「堂本暁子です」という街頭演説は一度もしたことがなく、いつも「さきがけに入れてください」と言い続けてきました。そのさきがけが空中分解を起こして山中さんと同様無所属になったわけですが、ホームがないとは思っていません。無党派層の方が52%もいらっしゃるのだから、その方々に支持されているのだと思っています。確かに無所属で出馬するのは大変です。少なくとも衆議院の場合は政党選挙そのもので、たとえばテレビの政権放送は政党に所属していないと出られません。こんな差別があるでしょうか。テレビが一番力のあるメディアであることは、テレビ局に30年も勤めていた私はよく知っております。また、活動に使う車などは何台もほしいわけですが、無所属だと1台ですが、政党だとプラス10人ごとに1台と何台も投入できます。その他、ビラ、ポスター、新聞の折込みに関しても個人では限りがあります。市長選挙、市議会選挙、県議会選挙など、無所属で出たい方はいっぱいいるんです。なのに、ものすごく不利をこうむっている。こういう部分を変えない限りは、本当に出たい人が出られない。たとえば中村敦夫さんは役者さんで知名度があったので出られた。しかし、ごく一般の方が今の時代に無所属で出るのは大変むずかしい、ということを申し上げたくて参りました。

河村　私はまったくゼロから選挙運動して、２回落選して、10年目に当選しました。ところが、議員は二世だったら通ってしまう。自分の名前を一人でも多くの人に書いてもらう作業を延々と続けるには10年かかるのが当たり前なのに、二世は10年以内に通ってしまう。これは異常です。そんな世界で一般の人が立候補される場合にはどうすればいいか。むろん中身がよくないとだめですが、プレゼンテーションというかマーケティングというか、どうやって自分を売り込むかにかかっています。皆さんは政策政策と言われますけれども、はっきり言って大した政策を掲げている人は少なくて、選挙活動とは基本的に一人一人に会って「僕の言っていることは間違いないでしょう、どうか僕をいっぺん政界に入らせてください」と説得の作業をすることなんです。ところがこんな苦労をしないですむ二世や役人ばかりだと、とんでもないファシズムの世界になってしまう。

もう一つの問題は、お金が続かなくなるので出られないことです。ですから、国民が控除された税金を社会的にプールして、政治家を育てるシステムをつくることが必要です。まずそういうシステムをつくってもっと多くの人たちに立候補させ、苦労させ、競争させる。二世議員たちに、１票取ることがいかに大変かということを思い知らせることが非常に大事です。

高市　私は選挙を3回やって2勝1敗。最初の2回は全然引き受けてくれる党がなくて無所属で出ました。今は政党にいますけれども、あまり政党組織や団体に結びついて選挙をするコツがまだのみ込めていないので、活動のスタイルは変わっていないと思います。

最初に落選したときはリースしていたコピー機まで引き上げられ、コピー用紙を買うお金もなくなりました。ビラも刷れず、秘書の人に払うお金もなく、弟と2人で手づくりのビラを配るという情けない状態でした。そこで、「私は今落選中ですが、もう1回選挙に出て、こういうことをしたいので、後援会に入ってください」と訴えて歩きました。「わかった」という方にその場でサインしていただいて署名用紙を集めることから始めました。1日回っていると、必ず愛想の特に良い奥様が見つかります。その方に花丸印をつけておきます。そして1ヶ月ぐらいしたら訪ねて行ってミニ集会のお願いをします。週末、リビングにご家族と両隣の方を集めていただき、10人前後の小集会をするわけです。そこでまた愛想良くうなずいてくださる奥様を見つけて、花丸印を付けてまた1ヵ月後にそのお宅に行くということの繰り返しでした。現在は週末のみ小集会を開きますが、各所で政策を30分しゃべって1時間議論しています。率直な話をしますと、政策広報物とか政策レポートを郵送するには相当お金がかかり、限度があります。今は後援会の会員限定で、毎月国会報告レポートを送ってじっくり政策を知っていただいています。

山田　有権者の前で候補者同士どう違いを出していくのか、枝野さん、そのあたりいかがですか。

枝野　誰に政策を伝えるのか、にポイントがあるのではないでしょうか。政策に関心を持っていて、政策で投票しようと思っておられる方に政策を伝えるのはそんなに大変な話ではない。ところが圧倒的多数の方は、普段は政策に関心を持ってくれません。街頭演説も聞いてくれない、ビラも読んでくれない、そういう方々に政策に関心を持ってもらえるようにしたいというのが、我々の頭の中の99%を占めていると言ってもいいのではないか。そこに政治家それぞれの力がかかっています。ではどうやって関心を持ってもらうのか、菅さんも言っていたように自分のテーマをわかりやすい短い言葉で繰り返す以外にはありません。長い街頭演説を選挙前に1~2回やったって何の意味もない。30秒の間に「なるほどこいつは良いことを言っている」と思ってくれる話を1時間話し続けるしかないのです。私の経験から言うと毎週月曜日の朝にそれを3年間繰り返して、やっと皆さんは歩きながらでも耳を傾けてくれているなと感じるようになります。ビラも大きな見出しのところしか読んでくれませんから、1年間毎月ポストに投げ込んでやっと反応が返ってくる感じです。また、政策を大切にするならば、それを真面目に考えて一所懸命しゃべることです。街頭演説では聞いていないようでも、そこは有権者はしっかりしていて、いい加減なことや自信のないことをしゃべっているときは反応が悪い。でも真剣に政策を話していると、聞いている時間はたとえ15秒30秒でも、なるほど、と思ってくださるものです。こういうやり方では、相手との違いをどう印象づけるかというのはなかなかむずかしいです。相手候補と同じ場所に並んだときに、それぞれの応援団以外の人をどうやって集めるのかというのはものすごく大変でエネルギーを費やします。

志のある人が立候補できる仕組みづくりを

山田　生活者と同じ皮膚感覚を持った人間がトライできる社会にするには、ドイツのように会社を辞めなくても選挙に出られ、落選してもまた戻れる仕組みにするにはどうすべきでしょうか。

堂本　私も辞表を出して2週間後に立候補しました。会社を辞めずに出られたらどんなにいいか。まず地方議会ならば、夜に議会を開けば大学教授でも、勤め人でも主婦でも出られます。でも国会はなかなかそうはいきません。国会議員をしてから元の職業に戻れる制度も日本にはないですし。

枝野　今、うちの党から法案を国会に出しています。告示の直前2週間前から投票日の3日後ぐらいまでは休暇を取らせなければならない、それを理由に退職させてはいけないという法案です。これは地方選挙しか効果がないと思うんですが、私は地方議員と国会議員を分けたほうがいいと思っております。地方議会、特に市議会、市町村議会というのは地域で仕事を持ちながらでもやっていけるような議会でないとむしろいけないのではないか、しかし国会議員が一種片手間的なところでやってよい仕事かどうかというと問題がある。こちらは逆に、仕事を辞めるリスクをあえて冒すぐらい根性のすわった人でないといけないのではないかと思っています。

菅　ある会社で政治参加の休暇制度ができ、その第1号のスタッフが今私のところにおります。契約は最長4年間で、本人が立候補してもだめだったときには会社に戻れる制度です。こういう制度をもっとつくるべきです。経団連にもだいぶ言っているんですが、なかなかつくってくれません。

塩崎　とっかかりはアファーマティブアクション（積極的是正措置）でいいと思います。政治に参加する層が薄いのは、政治を見ていて、そこに入りたいと思うような政治家がいないせいだと思うんです。身近に感じられないうえ政策をあまり語らなかった故に、「あいつらは汚い」と思われてしまった。我々が選挙に落ちてどこか会社にいこうと思ったら、多分普通の会社はまず採らないでしょう。昔から「猿は木から落ちても猿だが政治家は選挙で落ちたらただの人」と言いますが、この発想がそもそも日本をだめにしてきた。何がなんでも落ちたくないから手段を選ばず何でもやってきたというのが今までの古い形の政治だったと思います。政治家というのは本来社会に貢献をするためにやっているわけですから、落ちたら大学の先生になってもいいし、コンサルタント会社を起こしたっていい、そのときのモビリティが確保されていない社会の状況のほうに問題があるわけです。社会全体が政治について頭を切り替えるためには政治家が模範になるべきです。

有権者の人たちは政治に無関心といっているけれども本当は関心があって、今の政治家に任せられないと思っているわけです。では誰に任せられるかというと、いない。だから我々が政治家を育て、鍛えて、15年働いて辞めますと言えば、そのときは温かく迎えてくれるような社会が望ましい。

高市　復職制度は、積極的にそういうチャンスを与える会社の場合は結構なことだと思いますが、選挙に出て落ちたら会社に戻るというのは会社に対して失礼なことだし、企業人として本気なんだろうかと思うところが実はございます。たとえば会社を辞めてビジネスを起こし、失敗すれば後は何にもありませんよね。案外、復職制度みたいな保険をかけていたら、私は政治家としてもパワーが出ないような気がします。私の場合、選挙費用は20代のときに働いたお金だけでは足りなかったのでファストフード系でかなりアルバイトもしましたが、志を持てばどんなに大変だろうと本気でがんばれるし、その分、熱をこめて訴えられる。主に肉体労働になるかもしれないけれども、がんばってほしいなと思います。

山中　私は、所属政党が解散した後、外交安全保障やエネルギー事情、食糧事情など絶対票にならないと言われている分野に入って、2年間小さなグループで外務委員会をやってきました。今は大きなグループに入りましたが、考え方もやることも言うことも全部従来と同じです。なぜなら無所属でも小さなグループでも大きな政党でも、私の場合次は考えず今が集大成という覚悟をしているからです。大学にはもう戻らないというくらいの覚悟で入ってみると、意外と国会の中でニッチの部分と言いますか、抜けているところがいっぱいあるんですよ。政治の世界はすごく大きく、エスタブリッシュしているように見えますが、決してそうではありません。私はこれからの世界はいろいろな職業を経験した人が評価される時代だと思っていますから、ある程度経験を重ねてから思い切って職業を変え、それまでの積み重ねを別の分野に活かす生き方も増えてよいのではないかと思っています。そういう時代を信じて若い人にもどんどんチャレンジしてほしいですね。

山本　この国の一番の問題は、政治に参加する人間の層があまりにも薄いということだと思います。私は政治はボランティアだと思っていますから、もっとシンクタンクにいる方や会社勤めの方が、政治の世界に働きに入れなければいけない。インターンシップで学生が会社の事務所で仕事をするのと同じように、もっと政治に参加する層が増えてこないとだめだと思っています。

中村　政治家の層が薄いという話ですが、私が組織も何もなしにある意味で奇跡的な当選をしたものですから、政治家志望の人が年中来ます。でもろくな人間はいません。10人に1人ぐらいはまあまあというぐらいの率です。それでもよくよく聞いたら自民党へ行って断られて、民主党へ行っても断られ、最後に僕のところに来た。うちは難民収容所じゃないんだと（笑）。政治家というのは、生涯設計としては危ない仕事ですから、優秀で有能でまともな人はやりたがらない職業です。恥ずかしいですものね、外へ出て演説するなんて。しかし政治家になるには有能でないとだめだと思うんです。ただ、落ちた場合の復職制度は必要です。政治の仕事は同じ人間が何十年もやっていてはいけないと思うんだ。私はまだ2年ですけれども、任期いっぱいどうやってできるかなというぐらい大変な仕事です。10年くらいで交替すべきだと思うんです。それを制度化できるかどうか。

もう一つは、実は政治家が政治をやっているわけではないんです。霞ヶ関に８０００人のエリート官僚がいて、そこで決断され、法律のほとんどがつくられ、政策も出てくるわけです。実は国会議員は７５０人しかいない。比率は8対1です。シンクタンクの力としてはかないません。政治家で個人個人優秀な人はいっぱいいます。しかし物理的に官僚に対抗できない。だからたとえば官僚エリートに対抗できるブレーンを1人の議員が大勢持てるというような制度をつくれば、優秀な人間がどんどん集まって来ます。そういうことも考えないといけないのではないか。

堂本　中村さんのおっしゃったことで賛成の部分と反対の部分があります。確かに霞ヶ関が大変支配的なのは事実ですが、さきがけ時代に菅さんと一緒にＮＰＯ法案を議員立法したとき、私は議員になって本当に良かったと思い、やりがいを感じました。霞ヶ関をトップにしてではなくて、すべての政策の主体は国民なのだという発想で法律をつくったわけです。もう一つ、児童売春・児童ポルノの禁止法も法務省ではなかなかできませんでした。議員立法だったから可能だったのです。

最終的には、霞ヶ関は政策の実施の部分を担い、政策は国民が選んだ政治家がつくっていくというふうに構造が変わったら、多くの人が志を持ってどんどん立候補してくださるだろうし、そうなっていただきたいと思います。任期は長すぎるのは良くありませんが、かといって1期では短すぎる。私も2期目になってやっと仕事ができるようになったと実感しています。

広中　私も政治は非常におもしろい、やりがいのある分野だと思います。ただ、野党の立場と与党の立場は非常に違うとも思います。野党の立場として政策提言を行っても、それが質問の形であれ法案の形であれ、たいていはお蔵入りをしてしまいます。ところが、それがいつのまにか与党に取り上げられ、あるいは政府提案の法律となって出てくる。たとえば情報公開法もそうです。しかし、根っこにあるのはあくまで与党でなく野党です。世の中を変えたいという野党の気持ちは、たとえいったんお蔵入りをしても、いつかは世論の支持を受けて、5〜6年あるいは10年遅れて、政府提案としてゆるめられた形ではあるが実現しているのだということをお伝えしたいと思います。

公開討論やインターネットの意見交換を認めよ

山田　政治を変えていく一つのきっかけが選挙ではないかと思います。これまでリンカーン・フォーラムで公開討論に取り組んでこられた小田全宏さんにご意見をうかがいましょう。

小田　選挙のとき、候補者の方々に壇上で公平に自分の考えを述べていただこうという趣旨で公開討論会をやっております。この5年間で160回開催しました。今までは市長選、町長選、知事選、参議院選が中心でしたが、今度の衆議院選挙にあたっては300選挙区全部でやってみたいと思っています。こういう公開討論会は私が始める前にはほとんどありませんでした。昭和58年までは立会演説会というのがあって、各候補が20分ぐらいずつ演説したそうです。ところが、ある候補者がしゃべっているとその応援団が会場を占拠して気勢を上げる。その人が壇上から降りたら帰ってしまう。次の人が壇上に上がると応援団も入れ替わる。といった次第で機能しなくなり、やめてしまったそうです。欧米では、候補者が自分の考えを述べ、そのときの発言によっては選挙戦の行方が大いに変わるということが普通になっています。しかし日本にはそういう風土はありません。公職選挙法でも公開討論会は禁じられている。したがって我々もたいへん気を使って、自治省や選挙管理委員会の方ともしばしば論争をしながら、細い穴を抜けるようにしてやってきました。

自分たちの陣営でない人にもどうしたら集まっていただけるのか、最初はおっかなびっくり始めたんですが、ふたを開けてみたら多くの方が集まりました。県会議員の選挙では100人程度しか集まらなかったのが、市長選や知事選になると、1000人、2000人という単位で集められました。マスコミもたいへん関心を持ち、投票率も非常に上がったのは事実です。私たちはどの党のためにもやっていません。国の未来は自分たちで決めるのだという気概でやっております。

柿沢　私は1999年の東京都知事選挙で、憲政記念館と昭和女子大学講堂での公開討論会に出ました。ほとんどの候補者が出ていましたが、時間の制約から発言3分で、政策を伝えるよりも短いメッセージを伝えるのみになって討論が全然かみ合わない。質疑応答でもなるべく他の人の質問をはぐらかしながら言いたいことを言う。しかし、結果的にそのほうがイメージが非常に強くなり、強い人が勝ちます。都知事選では候補者が49人出ていましたが、結局は強いリーダーのイメージをつくった石原さんが当選した。つまり政策による公開討論会は長時間かけないとむずかしいなというのが私の感想です。その意味ではテレビの討論が大事です。東京都には1000万人の有権者がいますから、たとえ1000人集まったとしても大海の一滴ですが、たとえばサンデープロジェクトが視聴率13％を稼げば100万人台の人が見たことになるわけで、もっとテレビ討論を活発にやればいいと思います。ただ、編集者のはさみの入れようで捉えられ方が左右されますが。

ともあれ選挙の世界でも、活字のメッセージやボイスメッセージから、映像のメッセージに変わりつつあります。これからはインターネットによって映像と活字の両方を組み合わせた形で伝えることができますから、これをもっと選挙で生かしていくことが大事だと思います。しかし、現在のところ自治省の判断ではインターネットによるメッセージは選挙文書にあたり、選挙の公示後はホームページを閉ざさざるを得ない。公開討論会もそうですが、公職選挙法により公示前はできるが公示後はできないのです。インターネットによるメッセージは双方向にもなりえるので、もっと自由化しながら特定の候補に有利にならないような制度を考えていくべきではないでしょうか。

山田　重要な問題提起があったと思います。自治省の解釈がどうあれ、ルールをつくるのは国会議員ですよね。国会議員の皆さんがルール化していけばできないことはないのではないでしょうか。

山中　私が初めて政治に接したのは、大学の寮にいたときでした。まだ古い選挙制度で、小田さんがおっしゃったように20分ずつ、各党の候補者が来て話をしました。それがすごく良かったんです。何を考えているか20分あればわかります。それで質問ができた。有権者の側にもゆとりがあって、1人は女性を入れようかとか、こういう変わった人が今回は当選するだろうなどと考える余地があった。ところが、今の小選挙区制ではほとんどそれがありません。公開討論会もぜひ20分ずつ話せればいいなと思っています。また、自分がどういう人間で、どのような日本にしたいのかということをきちっと相手に伝えるにはインターネットは非常に有効です。自分をわかってもらう手段としてホームページの使い方をルール化しながら、オープンにしていくことが求められていると思います。もちろんインターネットを使える世代と使えない世代の差を埋めていかなくてはいけないので、テレビとかパンフレットなども併用すればいいと思います。

高市　公開討論会を公平公正なシステムでオーソライズできたらすばらしいと思います。候補者の後援会が会場を埋めるのでは昔と同じで意味がありません。今は中選挙区の時代と違って候補者の数が増えていて、たとえば奈良県の場合、中選挙区だと奈良県全部でせいぜい候補者が８人ぐらいだったのが、今は小選挙区ですから20人ぐらい出てしまう。その人数をどんなふうに公開討論に巻き込んでいくか。私は１９９３年に1回だけ、青年団体有志が企画した公開討論会を経験しました。しかし当日候補者が出てこず、結局、２人ぐらいで演説会をして終わってしまいました。それもあとで選管にあれこれ言われて問題になったようで、非常に残念に思いました。

河村　公開討論会は非常に良いことで、私も名古屋大学の人たちから呼ばれて行ったことがありますが、誰も来ておらんです。だいたい10人か20人です。でもマスコミにはすごい効果があるんです。新聞記者だけおるからね。（笑）とりあえず20分ぐらいしゃべり、10分ぐらい質疑応答の時間をつくってくれます。しかし、僕は誰も来なくてもやることにしています。マスコミもテレビもなくてもいい。インターネットも実はあまり好きではないんです。信頼できるかどうかはやはり会って話さなければわからない。先ほど10年と言ったのはそういう意味であって、いろんな世話活動をやってカラオケも歌ってバス旅行も行って、そうやって初めて理解できるようになります。政治家は国の行方を決めるなんて恐ろしい仕事を税金をもらってやるわけでしょ。とにかく人の倍働いて当たり前なんです。選挙というのは、それほどまでに大変な作業なのだということです。

菅　私も公開討論会にはできるだけ出るようにしています。私の選挙区では、前回の選挙でも全候補者を呼び集めました。３００の地方選挙区で公開討論会をやることにも大いに賛成です。今の選挙法は、新聞の報道について生のデータを直前に出すのは人気投票に当たるからいけないとか、どちらかというと「べからず集」になっていますから、基本的には全面的に自由にして、金で票を買うというところだけチェックすればいいと思っています。法律改正は、自民党さえOKすれば変えることは可能です。それをもっと広げていくと、戸別訪問解禁の問題も出てくるわけです。この問題は実質的にはメディアの問題が非常に大きいと思います。

柿沢　公開討論会とテレビの関係でいえば、CSテレビなどでもっとチャンネルが増えて、国会討論だけやっている専用チャンネルができたらいいなと思うんです。早く双方向のコミュニケーションのインフラをつくっていくことが大事で、今の地上局だけではとても対応できないと思います。

山本　河村さんのおっしゃった地道な活動が票につながってくるということはよく理解できるんですけれども、幼稚園に入れてあげたり、交通違反もみ消しはどうかと思うけれども（笑）、いろいろなことをやって票につなげるなんて新人にはとてもできない。そこでインターネットも使いますが、そこで見てくださる有権者はまだまだ少ないと思います。やっぱり新聞とか紙で見る人たちのほうがずっと多い。もっとチラシを多く配りたいけれども、自分の地区内でしか配れないというので、現状では新聞折り込みしかできません。もっと紙を使って自分の政策を訴えられる道筋をつけていただきたいと思います。

また、私が最初に出た中選挙区のときは、政権放送がありました。短い時間で一方通行ですが、自分はこういうことをやりたいのだと訴える機会があった。その後、小選挙区になってからは一人

20秒ぐらいしかできなくなった。これではイメージだけしか売れない。NHKは時間のやりくりが大変だと思うけれど、たとえ3分でもいいからしゃべれたら、この候補者は古いのか新しいのか、何を考えているのかということぐらいはわかりますから、政権放送は残してほしいと思います。

柿沢 もっと本気で訴えないとだめです。先ごろのクエスチョンタイム（党首討論）を見てください。イギリスの制度を真似たものですが、もはや死んだも同然です。新聞が2面3面でしか取り上げないような党首討論をやっていて、本当に議院内閣制で党首主導の政治が行われるとは思わない。それは日本人が政策論争を冷静にできないからなんです。今ここで菅さんと大いにやりあっても、普段は親友だと思っています。そういう割り切り方をしないといけない。テレビの前で気を使いながら質問していてもだめです。選挙もそうで、食うか食われるかでやらないとだめなんです。

菅 クエスチョンタイムというのはディベートをやる場ですから、それが得意か不得意かは政治家の一つの資質です。しかし、一番不得意な小渕さんがちゃんと政権を維持しているという構造はどこにあるのかということをさっき申し上げたつもりです。それは自民党にあり、霞ヶ関にあるのであって、総理大臣があんなに人気がなくても成立しているところに議会制民主主義が政権交代を起こし得ない理由があります。私は下手なら下手なりに、クエスチョンタイム自体は重要だと思います。もっと上手い人をそれぞれの党で選ぶのもよし、いや口ばっかりではだめだともう少し根っこのありそうな人が選ばれるもよし。それも含めて私は非常に意味があると思っています。

小田 日本には、本当の意味でのディベート文化はないと思います。党首討論も今始まったばかりですが、少なくとも政治に出る人は自分の信念や言葉を持っていなければいけない。やはりどこかで言葉が非常にないがしろにされている感じがしてならないんです。今の日本で、国民に向かって政治家の方々が「私は信念をもってこれを皆さんに訴えたい」ということがもっとも欠けているのではないか、と思います。それが私たちによくわかるようになったら、もっともっと皆選挙に関心を持つでしょうし、1票を入れに選挙に行くのではないかという気がしてならないんです。

なぜ私たちがアブラハム・リンカーンというかつてのアメリカの大統領の名をとって「リンカーン・フォーラム」という名前をつけているかというと、彼が奴隷制の廃止をめぐって当時の上院議員と大統領選で7回公開討論会を行ったという史実によります。『自助論』を著したサムエル・スマイルズは、政治のレベルは国民のレベルと同じだと言いました。だからもし今の政治家に対して私たちが「あなたたちはだめよ」と言うのならば、それは他でもない私たちに責任があるのではないか。そういった意味で私たちのやっている公開討論会は、政治家の方を裁いてやろうというよりも、政治家の話を通じて私たち国民自らが自分たちの未来を考える場をめざしています。ですからぜひ次の衆議院選挙のときには、候補者の方々は堂々と出てきていただきたいのです。私たちのやり方は決してお互いの足を引っ張るネガティブキャンペーンではありません。むしろ自分の考えを有権者に伝える手段ですので、その方法論をぜひ政治家の方に知っていただきたいと思っています。

山田　私は千葉県の浦安市に住んでいますが、一昨年に市長選挙がありました。7期やった市長さんが急病で退場され、まったくの新人同士が出てきました。たまたま当時障害児を抱えているお母さんたちがいて、切実な問題だからそれぞれの候補者に意見を聞きたいということになり、公開討論というのがあると聞いて、小田さんのところに話を聞きにいったんです。私も司会役を務めましたが、会場がいっぱいになるほど聴衆が集まりました。東京からも相当人が来ました。合計2度やりましたが、最初本命とみなされていた人が、公開討論がどうもあまり得意ではなかったのか二度目は来なかった。そうしたらその人は落ちてしまい、自民党の若くて新しい感覚を持った方が当選した。その新市長さんは初登庁のとき「公開討論と情報公開に耐える市制をしたい」と挨拶した。僕は1回手伝っただけで、少しでもやればこれだけ1歩前に進むのだなと痛感しました。個人的にはそういう経験があったので、小田さんを支援したいと思っています。

政党も無党派も、打倒すべきは官権政治

広中　私自身は、党に拘束されず自由な立場で政治に参加できる比例区というのはたいへん良い制度だと思っていますが、現状においては政党政治ということがあると思います。特に小選挙区制が主な今の選挙制度では党が問われることになっています。菅さんの言葉を借りれば「党首によって代表される次の首相を選ぶ選挙」という位置付けになりますと、個人の考えを訴えるだけでなく、

党としてのプレゼンテーションというのも非常に重要ではないかと申し上げたいと思います。

柿沢　私は今はどこの政党にも属していません。が、先の都知事選では、無所属の候補者に入れられた票が３００万以上ある。無党派層は50～60％まで増えてきています。本当に日本は今後政党政治に収斂していくのか、いささか疑問です。

日本も、立法府と行政部の長を分け、首相公選制にしていくのが良いのではないでしょうか。議員が政党にがんじがらめに党議拘束されていていいのか疑問です。むしろ価値観の多様化の時代ですから、無所属的な人が増えていくことや、ベンチャー政党がどんどん出てくるほうがいい。しかし、政党要件をもう少し緩和してもらわないと新党ができません。都市新党の必要性について産経新聞がアンケートを取ったら「必要」が61％、「必要ない」が29％。だが、現実には新党をつくろうとしても現職の国会委員が５人以上いるか、直近の参議院か衆議院の選挙で総得票２％以上取っていないとだめなんです。ベンチャー起業も最初の金が集まらないのと同じで、人を集めることができない。重複立候補もできない。そういう制約をこれから見直していく必要があると思います。

菅　最大の問題は、今の政治行政の権力を事実上霞ヶ関が7～8割握っているということです。大統領制なら大統領が1人決まれば大臣などは政治任用で一挙に変えられるんです。では議院内閣制の場合はどうやったら変わるのか。よい例はブレア首相と労働党で、総理大臣とその与党が基本的に同じ考え方で変えようとすれば変わるんです。つまり、議会の多数派である与党と総理とがきちんと一致していれば、議院内閣制というのは場合によったら大統領制よりももっと強いんです。

ただし自民党は、党のメンバーの6～7割が族議員ばかりですから変わりませんが。

そういう意味では、個人的には小選挙区制と政党中心の選挙よりも個人を大事にした選挙が好きなのだけれども、政権交代の可能性という点ではどうなのか。たとえば野党第一党の社会党は、512の議席定数の5割の候補者を出したことはかつて一度もありません。一番出したときで170名です。過半数を出さないで政権交代はできないんですね。政権交代をして霞ヶ関の権力を剥奪するためには、議院内閣制でやるのであればやはり政党と党首を選ぶ、もちろんその中で議員も選んでいく。もし日本が大統領制なら、柿沢さんが言われることに私は決して反対ではありません。

河村　日本では、議員なんていらない、俺たちにやらせてくれ、という無党派が増えたので、基本的には代議制自体が破たんしている。一つの案として、無党派層の人たちが自分たちで社会的なお金を出して第二の政府をつくるとか、第二の議会をつくるとか、そういうシステムを導入していかないと、今の間接民主制では二世と元役人に牛耳られていてどうにもならないでしょう。

菅　政治家が何をやっているかわからないという有権者の思いと、これだけ一所懸命いろんなことをやっているのにどうしてうまく伝わらないのだろうという政治家の思いがすれ違っているのですね。一つは、どうしてもマスメディアのことを言わざるを得ないと思います。我々の回りにいる新聞記者でも、経済部とか社会部はまだいいんですが、政治部の、とくに若い記者はほとんど政策には興味がありません。「昨日加藤紘一さんから電話があった」なんて言うとすぐ飛びついて消息記事ばかり書くが、肝心の政策については関心も知識もない。ほとんどの新聞社がそういう教育になっている。あるテーマにのっとって新聞で議員を紹介するということは非常に少ない。国会の記事も総理の答弁は大きく書くが、いくら良い質問をしても野党だとちょっとしか書かない。

もう一つ、おそらく国民政党というものが日本にはないからかもしれません。自民党というのは与党という名の政党であって、利権をばらまく装置そのものが政党構造ですから、社会の幅広い層の意見を代表する国民政党にはなっていない。一方野党も、従来は政権を取ったとたんに崩れ去っていくような存在でした。五十数年もの間、結局は役人任せで、本来の政党が生まれてこなかった、つまり民主主義というものが育たなかった。ある意味では政党というものをこれからつくっていく、有権者もそのファンクラブのようなものをつくる、そういう時代に入ってきたのかなと思っています。そういう両方の変革が必要だという感じがしています。

中村　簡単に言うと、政治が官権国家を超えられないでいるのですね。日本は憲法上は民主主義ですが、実質的には違うんですよ。明治維新で早く欧米に追いつきたいという焦りから巨大な官僚国家ができ、富国強兵、殖産興業という二大路線を猛進した。その過程で軍事的に非常に成果を上げたので、陸軍官僚が支配するようになった。統帥権という神のような権力でもって国民を支配してしまった。これに対して議会はまったく力がなかった。その結果とんでもない軍拡バブルでひどい結果になった。戦後は経済バブルのほうで行こうということになって経済官僚がたいへんな権力を持った。今度は統帥権のかわりに裁量権を振るった。法律はあってもなきがごとく、いい悪いを決めるのは役人であって政治家ではない。とめどなく役人の権力が増大して、今度は経済バブルで失敗して2度目の敗戦を迎えているわけです。自由主義国家であるのに官僚独裁というのは、実は社会主義的な構造です。そのことを放置できずに戦おうとした政治家たちは、志も空しく次々と倒れてきたというのが日本の政治の歴史なんです。官僚支配でもとくに、中央集権という形がガンになっています。つまり北海道から沖縄まで一つの政策でくってしまうシステムで、たとえば介護保険にしても沖縄と北海道では全然状況が違うのに、何でも一律にしてしまうバラエティのなさ。国民が政策を選びようがないのでトップの官僚たちが失敗すると全部がこけるというのが、中央集権官僚国家の実態です。たくさんの意見が出て、政治が力を持ち、強い政党がその政策を推し進めるということになっていない。日本をもう一度、幕藩体制的なものに戻すべきです。道州制論というのもありますが、私は合衆国論です。各地域に主権を持たせ、当然税制も含めて合衆国型にする。そして国家基盤にかかわる権利だけを中央政府が持つという形に転換する。それを目指すような政治勢力を、何党であろうと良いから育てることが今私の最大の目的です。アジテーションを打ち、市民を動かし、政治的同志を募ろうというのが私の立場です。

広中　地方分権一括法は、中村さんの今のご意見を受けて通りました。法律そのものはまだまだ生ぬるいものですが、これから税源の移転、税の徴収の一括などさまざまな形で変わっていかなければならないと思います。こうして地方分権ができ、官僚の力がだんだん削がれる方向にいくのではないかと思います。細川政権以降、改革ということに関する国民の関心は少しずつ高まっており、私ども改革を求める政治家への追い風になっていると思います。

また、教育の力は非常に大きいと思います。小学校の段階からディベートをし、世の中が本当の意味で民主化になるような方向に変わっていかなければならないですね。

山本　今日ここに来ている政治家の方々は皆そうだと思いますが、一所懸命自分たちの思いを皆さんに訴えようとしています。私も「蝸牛のつぶやき」というメールマガジンをつくって、国会レポートも自分で全部書いています。それを読んだ人から「本当にあなたが一人で書いたのか」と聞かれます。同僚議員からは国会レポートを自分で書くなんて市会議員のやることだ、と言われました。しかし、自分の言葉で自分を伝えたいとやっているんです。それを見て取っていただきたいし、メディアやしかけを考えていただきたい。そうすれば少しずつ変わってくると思います。

柿沢　これだけ政治の知識が豊かになってきたわけですから、我々が直接自分たちのリーダーを選ぶ首相公選制に移行すべきだと思います。代議制は、交通や通信が不便だった頃に、代わりに議論する士《さむらい》として代議士を選んだものなんですね。それが今あちこちでほころび始めています。国民投票制や住民投票制を制度として確立しながら、そのときどきの意思決定を国民に問いかける形で、国民全体の政治についての関心を高めていく方法を工夫する必要があります。

堂本　先日、いわゆる年金三法案が通りました。私は委員会で年金の議論をしてきましたが、今回通った法律には不満です。支給開始年齢が60歳から65歳になって皆さん本当にいいんでしょうかね。今、古い政党政治が行き詰まって国民が信頼しなくなっています。ここで本当に個人一人一人が政治を考え、自分が主役なんだという認識に立ったときに新しい政治が出てくると思います。

私は無所属になって、どんなに無所属で出たい地方議員が多いか、そしていかに出にくいか、ということがよくわかりました。これからは誰もが立候補できるような、誰もが選挙をしやすいような制度に法律自体を変えていく必要があると思っています。

私も山本さんと同様にEメール、FAX、郵便、ホームページを使って、月に1回はどなたでもいらっしゃいという会を開き、あらゆる形で市民の集会に出、対話がしたいと思っています。日本では外で演説していても、ビルに向かってしゃべっているみたいで、話しかけてもらえない。とても残念です。政権交代を実現させるまでは、あらゆる意味で皆が政治に参加できる場をつくっていかないと、政治家自身も、国も変わっていかないと思います。

山田　皆さんのお話を聞いていると、どの方も現状から一つ飛んで次のステップへ行こうという意志とエネルギーのある人たちなのだと思いました。いってみれば出家したような人たちですけど、在家の人たち、つまり我々有権者も、お経を唱えているだけで世の中を変えられるわけではありません。在家の人たちもいろいろなやり方があるのではないか。出家した人たちが特別の人たちではないのだということを私は今日しみじみと思いました。皆さんもそれぞれのところで今日の議論を生かしていただきたいと思います。今日はどうもありがとうございました。

2002年6月29日　第60回　J・I・フォーラム
「政治資金の話について考える――政治家とお金にまつわる議論」より

政治とカネの関係を考える

討論者
石破　茂　衆議院議員（自由民主党）
岡田克也　衆議院議員（民主党）
小林興起　衆議院議員（自由民主党）
佐藤謙一郎　衆議院議員（民主党）
原田義昭　衆議院議員（自由民主党）
増原義剛　衆議院議員（自由民主党）

コーディネーター
飯尾　潤　政策研究大学院大学教授

石破　茂（いしば　しげる）

衆議院議員。1986年衆議院議員初当選。農林水産政務次官、農林水産総括政務次官、防衛総括政務次官、防衛庁副長官、02〜04年まで国務大臣防衛庁長官を務める。現在、衆議院イラク対策特別委員会筆頭理事、安全保障委員、憲法調査会委員、党領土に関する特別委員会委員長、防衛政策検討小委員会委員長などを務める。

岡田克也（おかだ　かつや）

衆議院議員。東京大学法学部卒業後、通商産業省（現経済産業省）入省。大臣官房企画調査官を最後に通産省を退職。90年衆議院議員に初当選し、政治改革の実現に奔走。93年自民党を離党、細川連立政権樹立に参画。以後「政権交代ある政治の実現」の信念を貫き通す。98年民主党を結成、政調会長、幹事長、代表などを歴任。

小林興起（こばやし　こうき）

前衆議院議員。1966年商産業省（現経済産業省）入省。資源エネルギー庁・産業政策局を歴任。ペンシルバニア大学院でMBA取得。82年通商産業省退官。8年間の浪人時代を経て90年衆議院選挙で初当選。02年財務副大臣。05年7月の郵政民営化法案採決では反対票を投じて自民党除名、新党日本を結成。現在、代表代行。

佐藤謙一郎（さとう　けんいちろう）

前衆議院議員。NHK勤務等を経て1979年衆議院議員佐藤一郎秘書。83年神奈川県会議員、参議院議員を経て90年衆議院議員初当選。93年自民党離党、新党さきがけ結党に参加。95年無所属、96年民主党結党参加。環境常任委員長、党環境部会長、党ネクストキャビネット環境・農水大臣、民主党NPO局長を歴任。

原田義昭（はらだ　よしあき）

衆議院議員。1968年新日本製鐵入社。70年通商産業省（現経済産業省）入省、関東通産局総務課長、中小企業庁参事官、渡辺美智雄通産大臣秘書官等を歴任。90年衆議院議員初当選。現在、衆議院外務委員会委員、農林水産委員会理事、自由民主党総務会副会長、国土・建設関係団体委員長などを務める。

増原義剛（ますはら　よしたけ）

衆議院議員。東京大学法学部卒業後、大蔵省（現財務省）入省。大蔵省東海財務局長、ロンドン日本大使館出向、環境庁出向を経て、1998年環境・経済研究所ミッションジャパン設立。2000年衆議院議員選挙に立候補、初当選。現在財務金融委員会委員、経済産業委員会委員、青少年問題に関する特別委員会委員を務める。

飯尾　政治と金の関係は昔から何かと問題になっています。最近では鈴木宗男議員の収支報告書虚偽記載事件や加藤紘一議員の元秘書の脱税問題などが紙面を騒がせました。そういう問題を糾していく一方で、政治にお金が必要なのは紛れもない事実です。要は金の使い方と、そのコントロールの範囲が問題になるということだと思います。金の使い方について公的な部分と私的な部分が曖昧なことがあるのは、何も政治家だけの話ではありません。たとえば会社の車で仕事に行き、帰りにプライベートで飲んで、また会社の車が迎えに来る。こういうことが無頓着に行われやすい風土がある。法律ですべてを決めるわけにもいかず、最後は自らを律することに帰着する、なかなかむずかしい問題です。その意味では、ただ政治家を叩くのでなく、現実に即した議論が必要です。

本日は、実態を知って改善していくために、政治では実際にどういうことに金が必要で、どうやって調達しないといけないのか、その実情をお話しいただきます。それぞれ自己紹介を兼ねて、政治資金でご苦労されておられるところ、あるいはこれは自慢だという工夫があればお話しください。

政治にかかっているお金の実情は……

石破　私は議員を16年やっており、1年間にかかるお金は８０００万から９０００万くらいかなと思っています。その中で、自分と秘書たちの給料から文書通信交通滞在費まで全部ひっくるめて国からいただくお金が5000万円弱、あとはパーティをやったり企業献金をいただいたりしております。私の選挙区は鳥取1区ですが、鳥取市、倉吉市と東京の3ヶ所に事務所があります。秘書は運転手も入れて13人です。たとえば地方に本社があって、東京に営業所が複数あって、車が4～5台、従業員が十何人いてという会社の場合、年間約1億円くらいのお金がかかると思います。自慢できることは何もありませんが、政策秘書には本当に政策のことをきちんとやらせています。

地方分権では、地方のことをきちんとやるために知事、市町村長、地方議員がいるわけですから、私は法律、予算、事業等で必要なことはやりますが、地方のことに口は出しません。要は納税者の負担に値する民主主義とは何かということに尽きるだろうと思います。つまりお金がなかろうが、二世でなかろうが、官僚でなかろうが誰でも選挙に出られることが当たり前でなくてはなりません。現在そうでないとすれば、どこに乖離があって、どういうふうにそこを埋めていったらよいのかを詰めるべきで、それをせずに個人攻撃ばかり繰り返していても不祥事はなくならないと思います。

岡田　私自身はインターネットで自分の資金収支報告を昨年の分も公表しております。後援会の部分と政党支部の部分を合わせて約1億円の支出になっております。内訳の7割が人件費です。後援会で9名、政党支部で5名の秘書たちの人件費で7000万円ほどかかっています。残りは彼らが動くガソリン代とか車の保険料などがほとんどです。それから後援会報を発行していますが、4万人の後援会員への郵送賃だけで1000万ぐらいかかっています。

一番問題になるのは裏金です。私が10年前に自民党にいた時代はそれが当たり前でした。今は変わっているだろうと思いますが、実態はよくわかりません。我々が法律をつくって、それが守られていないということがあるとすると、そこがもっとも問題なのだろうと思います。

小林　私は、政治家になるために必要だと言われる地盤、看板、鞄のどれもないまま通産省の役人から政治家になりました。私が属している自民党は、町内会や商店街など既存の組織によって支えられていますが、その基盤である町会組織には一定のお金がかかります。事務所の人間を入れてだいたい現職の衆議院議員は1億円くらいかかると言われています。問題はそのお金の集め方です。現在の日本では政治家個人への献金は禁止されており、資金管理団体にのみ個人献金することはできますが、それだけで資金を集めるのはまず無理で、政党として企業献金を集めなければ政治家にはなれないのが現状です。マスコミに迎合して批判の多い企業献金をやめて個人献金にするなどと妥協してみたところで、実際には集まらないから政党支部をつくってその名で個人献金を集めるという便法をとる。では、政党というものが善で、政治家個人は悪なのか、それは議論しないといけません。1994年に政党交付金が新設されたとき、私は反対しました。国や党からもらっているのだから、政治家はそれ以上お金を集めなくてもいいではないかと国民は思っていますが、このお金は個々の政治家にはほとんど来ませんから、結局自分で集めねばならない。そこで先ほどの便法となるわけです。政党交付金は政治の本音と建前の乖離を大きくしただけではないか。これは税金の使い道として果たして適当なのか、企業献金は本当に悪なのか、議論が必要です。

佐藤　以前、自民党にいたときの話をちょっとさせていただきます。政治に入るということは、私は麻雀はやりませんが、高いレートの賭け麻雀に連れ込まれたような感じなんですね。つまり身の丈にあったゲームではなくて高いレートでいつの間にか、貸し借りができてしまう。私は平成2年に衆議院議員に出ましたが、そのとき派閥からもらったお金が6000万円でした。そのお金が僕の目の前を素通りして、選挙区の市会、県会議員などに渡されていく。「そんなことまでして政治をやりたくない」と言ってもだめなんです。そのときにやはり身の丈にあった政治をしなければいけないと思いました。新党さきがけをつくったときに、子どもじみていると笑われましたが、250万円以上の車に乗るのはよそう、料亭は使わない、会合費は一日いくらなど、まじめに武村正義さんや鳩山由紀夫さんと議論しました。そういうことで、私は今、秘書は3人しかいません。何に一番金がかかるかというと秘書です。事務所を中心とした諸経費プラス1人秘書を雇えば700万かかります。10人いれば7000万。なぜ10人の秘書が必要かというと、本人の代理で選挙区を回るからです。私は自民党をやめてから、冠婚葬祭などいろんな諸行事にかかわる回数が30分の1になりました。秘書を張りめぐらせて依頼事を無理矢理とってきて、国会議員がやらなくてもいいことをやって票をつなぎとめるような政治とは決別してきました。東京に政策秘書ともう1人いますから、地元の秘書は1人だけで、年間の諸経費1000万強くらいで戦っています。

原田　私は現在、故郷の福岡県から出ております。先月、ヨーロッパに行った際、ちょうど鈴木宗男さんが家宅捜査された話が日本から伝わってきて、向こうの議員さんから、日本の政治家のお金の使い方、集め方、買収の横行について等しくなぜだと聞かれました。向こうでは有権者に向かって余計なサービスはしない、有権者の側もサービスしてもらおうとは思っていない、ということでしたが、これは文化が違うとしか思えない。たとえば、アメリカの大統領選挙では両候補者はだいたい200億円くらい使いますが、ブッシュもゴアも金権政治家だとは思われていない。金の使い道はほとんどテレビ費で、買収して票を集めるという文化はないようです。日本では政治家の側にも国民の側にも本当の意味での民主主義が根ざしていないという感じがします。

十数年間政治活動をやっていて、決定的にお金がかからなくなったきっかけは二つあります。まず1990年2月に寄付の禁止という法律が出て、政治家は冠婚葬祭に一切お金を出してはいけないことになったのが一つ。もう一つは、93年に中選挙区から小選挙区制度に切り替わった際、私に関する限り、面積が狭くなった分、事務所も秘書も3分の1になったことです。

増原　7年前に大蔵省を辞めて新進党から立候補しました。新進党の頃は外側から日本の政治を変えようと思っていましたが、その後、中から変えようと自民党に入りました。企業献金は政党しか受けられないことになって資金面は相当きつくなり、今は、地元と東京で年1回ずつパーティを開き、合わせて2500万ぐらい集めます。また政党から支部に政党交付金を1000万円、盆暮にそうめん代・餅代つまり活動費として300万円ずついただきます。このお金は立法事務費として院のほうから出ており、議員であれば当然もらえるお金ですが、新聞ではあたかも変なお金のように言われるので、まず政党が召し上げて、仰々しく幹事長から渡すという形はやめたほうがいいと思います。それらを合わせて全部で４０００万円くらいです。

やはりコストの大半は人件費です。東京に3人、地元に6人プラスアルバイトの女性1人。ポスターをたくさん刷るとかチラシを出すとかいうことになるとなかなかきついですが、1億円という先生方に比べますと、半分ぐらいですんでいます。私は東京では車を使いません。地元では中古車2台。もっぱら歩きです。地下鉄はパスがあるので、必要ならタクシーも乗りますが、交通費は月10万円くらいですみます。毎月東京の事務所の維持費も含めて文書通信交通滞在費１００万円をいただきます。それは非課税の経費です、それで事務所の維持費などを出しています。

政治家はなぜ人件費を減らせないのか？

飯尾　ここまでの話で、個人献金、企業献金、政党支部を通して政治家に入るお金、政党交付金と、いろいろな資金源が出てきましたので、簡単に解説します。

今、議論となっているのはカネの入るところで、大きく分けて二つあります。一つは税金で、政党交付金の形で政党に出ている。大きな政党はたくさん受け取り、小さな政党は少なく受け取る。受け取らない政党もあります。それ以外は基本的には寄付の形で、個人献金と企業団体献金があります。以前は個人の政治家は個人献金も企業献金も受け取れましたが、１９９４年に政治資金規正法が改正され、現在では企業献金は政党に対してのみ出すことに決まっています。個人といっても公私の区別があって、自分のポケットマネーにして給料のかわりにもらっているわけではなく、政治資金は区別してきちんと管理することになっています。なお献金には上限が定められ、政党のほか政治資金管理団体、後援会を通して配分されます。また東京には政党の本部がありますが、本部ではなく選挙区の支部にお金を持っていくこともできます。だいたい議員は政党の支部長を兼ねていますから、支部長として政党のお金を使うことができる。使うほうはそれを区別して使う人もいますが、先ほど申し上げた三つの団体の中でお金のやりとりをしています。支部から自分の団体にお金を移す人、自分の団体から政党支部に移す人もいます。他に、歳費と呼ばれている国会議員の給料と、文書通信交通滞在費があります。歳費を切りつめて資金団体に寄付することもできます。

さて、今までうかがったところ、政治にはお金が必要だ、その最大な部分が人件費だという点が共通しています。ではどうして人件費にお金がかかるのか。人が要るから人を雇う、それでお金がかかる。ではなぜ人が要るのか、そのあたりから具体的にご説明ください。

岡田　多分、都会と地方ではだいぶ違うと思います。それぞれのやり方でかなり差があると思います。私は先ほど申し上げたように、秘書と呼ばれる者が10人ほどいるわけですが、彼らは日常何をしているかというと、後援会の幹事のケアです。私の後援会には合計7〜8万の人がいて、地区別の後援会の幹事、つまり私のために実際に動いてくれる人が公称３０００人います。実質的にはその半分くらいかもしれませんが、その人たちは何をするかというと、週末ごとにミニ集会を開いて30～40人集めます。私は土日を使って5～6ヶ所開催します。こうして年間1万人くらいの方と意見交換するようにしています。幹事は集会の設営などの段取りをするわけです。たとえば150軒の部落があってそこに幹事が5人いるとすると、150軒全部回ってくれて、何日に公民館で岡田さんが来るからぜひ参加してくださいというようなことをボランティアでやってくれるわけです。あるいはポスターを掲示版に貼ってくれる。選挙のときはその3000人が10票ずつ確保してくだされば当選するという仕組みです。この3000人を維持するために10人の秘書が要るわけです。つまり秘書1人が300人の幹事を持って、ときどき顔を出して世間話をしたり、岡田議員は今こういう仕事をしている、こういうことに関心を持っているなどのコミュニケーションをします。座談会をするときに、ビラをつくって配ってくださいと頼みに回ります。また、ときどき企業を回って社長さんと話したり、労働組合の人と話したりします。そういうことを日々するのが基本的な秘書の仕事です。10人いないとできないかといいますと、5人でももちろんできますが、私が事実上土日以外は地元にいないので、その分秘書の仕事が増えているということです。

原田 私は自民党ですが、地元でやっていることはまったく同じです。私も秘書がトータルで15～16人、うち地元に10人ぐらいいます。一般の国民の皆さんは選挙というとせいぜい半月かひと月くらい前になって選挙運動をやっているなと気がつく程度かもしれませんが、実際は1年365日事務所はフル回転です。秘書は週に1日休めるかどうかで、朝8時～夜の9時まで動いています。

そういう活動を年がら年中やっている。ミニ集会したり、陳情を受けたり、でかけて行ったり。要するに多々ますます弁ず、こういうことは多いに越したことはないわけですが、一般の方々にはそういうことは見えません。あとは財布との相談で、限度がありますから10人ちょっとでなんとか回しています。経費はぎりぎりきり詰めてなんとかしているというのが現状です。

小林 私は東京で徒手空拳でやりました。私が無所属で最初に出たとき、小学校の友達があちこち案内してくれました。新年会には60ヶ所ぐらい出ました。秘書もいなかったし、お金もないので一人で回り、これだけ回れば当然当選すると思っていました。ところがふたを開けてみたら供託金没収だった。それでたまげました。毎日駅に行って街頭演説したのに、供託金没収とはひどいではないかと思いました。その後わかったのは、立候補したことがまったく知られていなかった。ポスターも数千枚の単位ではだめで、数万枚貼らないと世間が認めてくれないということがわかりました。その後現職になりましたが、現職になると1000ヶ所の新年会の案内が来るようになりました。60ヶ所が少なかったことがしみじみとわかりました。しかし、秘書はどう考えても1日に10ヶ所しか回れませんから、10人くらい要ります。

自民党が都市部で一番苦しいのは、支持率は自民党20％、民主党10％なのに「自民党憎し」という空気が満ち満ちていて、中間票が全部民主党に上乗せするから一瞬のうちに逆転されてしまう。(笑) だから自民党は20％を守りきるだけのために相当な費用を払わなければならない。これが東京の実情です。

議員に頼むことを減らせば余分な秘書も不要になる

飯尾　都市部で秘書を雇わずにやっていけると言う方もおられます。佐藤さん、どうでしょう。

佐藤　私が父の秘書をやっていたときに、印象に残ったことがあります。ある陳情のお手伝いをしたところうまくいって、依頼された女性が菓子折を持ってお礼に来られました。ていねいにお礼を述べられてから、その方が言うには「でもおかしいですよ。私が役所に5回も6回も足を運んだのにだめだったことが、政治家にお願いしたらとたんにできてしまうってどういうことなのでしょうね」。このときの経験が私の原点でした。それから口利きはやめようと思いました。父の後援者を回りますと、「佐藤さんには税金のことですっかりお世話になりました」と言う人が圧倒的に多いんですね。大蔵省の事務次官をやった父にとっても不本意だったと思いますが。僕はそういう政治家にはなりたくないと思って後援会をすぐ解散しました。

今一番大事なのは、国会議員に何をやらせたらいいかという認識をはっきり持っている市民を増やしていくことだと思います。この度、横浜で中田市長が誕生しました。大変すばらしい市長です。今度、中田市長と「1万人の広場」という組織をつくろうと思っています。今はたとえば町内会で桜の木を伐る伐らないでも「市長に会わせろ」になるのが現状ですが、本当に国会議員や市長が何をすべきかということをみんなで集まって決めていこうではないか、というのが趣旨です。意外に市長より隣の人のほうが悩んでいることを解決してくれるかもしれない。そこをしっかり整理しないと、政治家というのは不安ですから、一人でも目に見える票を獲得するために必死に自分の営業マンをつくって、日常接触することで何とか自分の不安を解消しようとする。だから同じ時間帯に10の行事があるときには10の代理人としての秘書が要るわけです。私は自分の選挙区はほとんど歩きません。土日は全国の公共事業をチェックするために飛び回っていますから、代理も出さない。代理の人があちこちに行ってニコニコしてもそれがいったいどれだけ日本の政治をよくするんですか。私は3人の秘書でいいと思います。これはすごく見栄っ張りで背伸びをした話かもしれませんが、そういう形で市民と一体になっていくということが大事だと思います。

飯尾　つまるところ、秘書がたくさんいないと選挙に勝てないという現実がある。それは有権者が政治家に何を期待するかという問題にも関係するのではないかと思いますが、どうでしょうか。

石破　佐藤さんの話に同感です。みんな一斉に代理を出すのをやめたらいいんですね。そうするとだいぶ節約になると思います。小選挙区制にしてよかったのは同じ党同士のライバル意識がなくなったことです。候補者が4人いても結局売る商品は一緒だから、サービスで勝負することになる。新聞の勧誘に例えれば、「私は右寄りが好きだから産経だ」とか「左寄りだから朝日がいい」という人がいても、実際の営業員は石鹸1箱いかがですかとか、巨人戦のキップとれますよとかいうサービスで奪い合っている。その分余計なお金がかかる。それをやめて、自由民主党だったらあの人、民主党だったらこの人と一人にすればわかりやすい。次の総理は小泉純一郎ですか、鳩山由紀夫ですか、その候補者に入れることはその人が所属している政党の党首を総理にすることですよ、ということになれば、間違いなくかなりのお金がかからなくなると思います。

　そういう意味で選挙制度を変えたことはよかったと思っていますが、それに見合った政党の運営になっているかというとそうなっていない。小選挙区にするときに、反対派から「そんなことをしたら幹事長が全権を握って党に逆らうことは何も言えなくなる、物言わぬ代議士ばかりになってしまう」という意見が出ましたが、残念ながらわが党に関する限りそのような傾向が見られます。

　そして、私たちが使っているお金は本当に国会議員がすべきことに使われているかというとどうもそうではないような気がします。ある町の支持者から私のところに陳情のことで電話がかかってきました。「今度うちの町にNHKののど自慢が来るんだけど、私のときになんとか鐘が二つ鳴るようにNHKに交渉してくれんかの」(笑)。そんなことでも本当にお世話になった人が一世一代の頼みで言ってこられたら、「あんた、何馬鹿なこと言ってるの」というのは結構つらいことなんです。そのあたりはやはり市民運動というか、国民啓蒙運動で理解してもらわないといけない。そういうことは議員に頼んではいけない、ということにしないとだめなんだろうと思います。

増原　逐一うなずいてしまうんですが、私はこの春の町内運動会シリーズが終わってほっとしているところです。そのうち今度はお盆になります。1日にそれこそ5軒も6軒も背広にネクタイしめて盆踊りをハシゴするわけです。行かないと「あなたはバッチをつけているのに来ないの」という話になってしまう。これが問題なんです。もう一つ憂鬱なのが自民党の党員獲得です。職域団体がなくなって入党する人が少なくなった。党費年間4000円というのは高すぎます。たとえば完全な政党選挙のイギリスでは、政治家の給与も400〜500万あるかないかで、秘書も1・5人雇えればいいほうです。選挙になると候補者は1軒1軒戸別訪問です。3万票くらいとると当選するので、自分たちの党員のところも敵方のところにも行かず、浮動票の地域を回るからお金がかかりません。大きな政策のキャンペーンは党がやります。こういう形になればいいんですが、日本では戸別訪問は禁止されています。私の後援会に入っている人は7〜8万人です。要するに後援会選挙になっているんですね。後援会は個人の後援会なんです。ですから、ジュニアなら知名度がものをいいますが、新人は大変な苦労をします。名前を知らなかったら書いてくれません。実際に選挙のときに動いてくれるのは1000人の党員ではなく、後援会です。それが今の日本の選挙の実態です。だからそれを維持するために、先ほど来の話が出てくるわけです。私のかわりに出てくれたり、あるいは後援会の幹事をまめに回って「ミニ集会に出てください、そろそろ選挙ですよ」とそういうことをコツコツやってくれる秘書が要ることになる。政策のために秘書が要るとはとても思っていません。なぜなら党営選挙になっていない。にもかかわらず党首の顔で選びましょうと。こういうところに、今の日本の政治の大矛盾があると思います。

岡田　私は先ほど申し上げた毎週のミニ集会で、確かに後援会をつなぎとめているのですが、私自身もそれが大好きなんですね。そこに出ればいろんな意見が出るわけです。1ヶ所1時間として、私がしゃべるのは20分ぐらいで、あとは自由に意見を出してもらいます。今の政治に対する注文も出ます。いろいろな意見交換があるというのは政治の原点です。東京にいてはわからないことが、地元という現場を通じてわかる。それは非常に価値のあることだと思っています。日本人は捨てたものではないと思うのは、今でも選挙区によってはお金をばらまく地方議員はいますが、それをしなくても当選する人はします。有権者がそれだけ賢いからだと思います。そういう意味で日本は捨てたものではない。選挙そのものにはお金はそんなにかからないです。

政策の違いを明確にすることがコスト削減の近道

飯尾　次に、こうすればもう少しお金を抑えられるというアイデアをお持ちの方はおられませんか。

石破　それはやはり党対党の選挙だと思っています。やはり政策の違いをクリアに出す。自民党の政策も民主党の政策もどっちがどうだかよくわからないのであれば、さっきみたいな本筋と違うところのサービスで勝負という話になって、またつまらないお金がかかります。

自民党でも民主党でも、たとえば憲法、外交、安全保障、消費税、こうした話をあまりぎりぎり詰めると党が割れてしまうので、突き詰めるのをやめてしまうところがある。しかし、そういうことをやっている限りはだめなんです。突き詰めて議論していけば、改憲なのか護憲なのか、緊縮路線か財政出動か、実ははっきりした対立軸があるはずです。その違いで有権者の一人一人が政策を選択することになるならば、余計な〈サービス〉にいっさい関係なく、私はこの党よ、という人が増えてくるだろうと思います。今のように、何が民主党で何が自民党だかわけがわからないという状況のままでは、余分なお金をかけようという人が必ず出てきます。

もう一つ、鈴木宗男先生のことに関して言えば、あの人が国会議員として一人でいようとしていれば、あんなにお金がかからなかった。ところが政治家には自分の理想というものがあって、それを実現するためには一人じゃ足りない。一緒にやってくれる同志がたくさん要る。自分の政策に共鳴してくれるグループを大きくしなければいけないのだけれど、理想や政策で同志を募るのでなく、お金をまいて子分を増やす。だからお金がかからないようにするなら、政策で共鳴する人がグループをつくる、政策で選挙を選ぶ、という仕組みにすることが一番肝要だと思っています。

岡田　おっしゃる通りだと思いますが、これはかなり自民党に固有の問題ではないでしょうか。民主党はそういうふうにはなっていません。結局、総理総裁を目指すと派閥の親分にならなければいかん、親分になるためには子分をたくさんつくらねばいかん。そのためには刑務所の塀の上も歩く。うまくいけば無罪放免、総理総裁になれるし、内側に落ちれば刑務所に入る。実際鈴木さんはそうなったわけですが、そういう構造が自民党では変わっていない。小泉さんみたいなケースは例外で、表に出てこない裏金の話が大部分だと思いますが、民主党は歴史が浅いのでそういうことにはなっていない。この党首にしたら選挙に勝てるのではという基準で党首が選ばれるでしょう。

原田　マスコミがいろんなことを書くので、政治資金に対する規制が厳しくなるのも事実です。騒ぐだけでなくもう少しきちんと本質的な議論をすべきであろうと思いながらも、そのときの騎虎の勢でどんどん規制が強まってしまうきらいがあります。鈴木さんのこともきちっとした総括は必要ですが、どこに本質があるかをもっと冷静に判断しないといけないと思います。

「企業献金は悪」なのか否か？

飯尾　これまで政治資金については、できるだけそれを規制して、一人当たりの上限を決めたり、名前を公開することになったり、企業献金を制限していくという歴史でしたが、そのへんを少し整理してみたいと思います。小林さん。冒頭で「企業献金は悪」というのは本当か、政党交付金というのはよくないのではないか、とおっしゃっていましたが、そのあたりについてもう一度。

小林　理想論と現実論、さらにはこの国の固有の文化からの論点もありますが、ここでは現実問題としてお話しします。従来１００万円までの献金は、企業は名前を出さないでよかったが、99年に政治資金規正法が改正されたときに、５万円を超えるものについては名前を出すようになった。それまでは企業を回ると1社年間12万円はいただけたのが、名前が出るのが嫌でどこの上場企業も5万まで下げてきた。その結果、1200万円いただけるところが500万円になった。パーティ券も同じで、20万円までは名前を出さなくていいからと、どんなにお金のある会社でも20万円どまりになってしまった。もう一つ、企業献金は個人にしてはいけない、政党ならよい、という決まりになって、政党に属していないとお金がもらえなくなった。私は都知事選挙のとき、党が推した明石さんでなく石原慎太郎さんをかつぎました。すると党規によって支部長を解任されました。何より困ったことには、いっさい企業献金がこなくなってしまった。つまり、政治家個人がもっとお金を集められるようにしたほうがよい。自民党に入るより私にくるほうがいい（笑）。企業献金が政治家個人に入ることはそんなに悪なのか、と思っています。

岡田　民主党の考えは法律と同じく、企業献金は政党にはいいが、個人はだめだということです。しかし、私個人としては、企業献金を政治家個人にも認めるべきだという立場です。理由は二つあります。一つは、企業が献金という形で政治に参加することは必ずしも悪ではないという考えからです。特定の目的を持ってやれば賄賂になるし、何の目的もなく献金すれば株主からは背任行為で訴えられるという極端な意見もありますが、企業はNGOなどへの寄付もしているわけです。それは背任なのかというと、そうではないと思います。もう一つは、個人への献金は禁止しているのに、政党支部を通したりパーティ券を売るなどの抜け道を用意しているからです。そういう形で企業献金を制限したのは、やや人気取りと言われても仕方がない。では全部禁止したらどうだという意見もありますが、そうすると資産のある人しか政治家になれなくなる。個人献金は日本では少ないですから、基本的にはパーティと政治家の資金管理団体に対する寄付と政党支部に対する寄付は公開して、下限や上限を揃えて同じ扱いにすべきだと思います。政党支部をいくつも持っている政治家が何人もいますが、一つに限るべきです。そういうことによって透明性を高めるのが本来あるべき姿ではないかと思います。もちろん、透明性を高めればそれなりの苦労が生じます。5万円以上の寄付者は名前が出ます。去年、政党支部に278社から2460万円、1社平均約8万円の寄付を受けたところ、ライバル候補がその企業全部を回って、岡田に寄付するならその半分でいいから私にもしてくれということが起こって大変やりにくい。（笑）しかし、きちんと公開していくのであれば、私は企業献金はだめだということはないと思っております。ちなみに私自身は、政治資金収支報告書は公認会計士に見てもらって監査の意見を受けることにしています。

原田　民主党の岡田さんから力強いお話をいただきました。自由民主党は一度も個人献金、法人献金が悪だと思ったことはありません。やはりきちっと企業の社会的な役割を評価すべきであります。もちろんあくまでも透明性を確保することが必要ですが、最高裁も企業献金は悪ではないことを認めております。ご参考までに、アメリカには政治家や議員に働きかけることを専門とするロビイストという人たちがいます。彼らは法で認められた職業人で、法案を通したり規制をやめさせるためとあらばすさまじい資金を投入します。そのかわり透明に管理されているわけです。日本の場合はどうしても裏金とかなんとか見えない金が出てきて、それが疑心暗鬼を呼ぶ。アメリカのようなやり方は日本にはまだ馴染みのないシステムですが、これから研究するなど、そういう分野がしつかり育ってほしいと思います。

佐藤　しかし、悪かどうか以前に、1995年に我々政治家は企業献金を禁止すると一度国民に約束してしまったのですね。決めた以上きっちりと守らねばいけない。私は自民党時代に後藤田さんたちから「1年間に1億円かかるだろう。3分の1は公的助成で、3分の1は党で面倒をみる。3分の1を自分たちで集めなさい」と言われ、それを目指そうと思ったこともありました。でも現実にはそんなことはとてもできる状態ではない。であれば、選挙の仕組みそのものを変えていくしかない。そこで現実に都道府県や市町村を見たとき、私と親しい宮城県の浅野知事がおっしゃるには「2週間の選挙で4年間の行政が決まる。2週間でわっと集まってきた企業が4年間でその元を取り戻す。そんなことをしていればどんなに理想を掲げていても2期目、3期目に堕落してしまう。つまり不用意な企業の応援というのをどうやって排除できるかが政治家の最大の務めなのだ」と。まさに同感です。都道府県や市町村の経済界というのは、ほとんど100%、受注企業が中心です。市役所や県に仕事をもらっている企業が中心になって経済界をつくり上げて、そこが市会議員や県会議員や国会議員に金を出して議員を支配する。こういう構図が残念ながらでき上がっている。個人献金に頼るのは理想論という意見もありますが、個人献金ができないから企業献金というのは違うと思います。個人献金というボランタリーなものがないから企業に頼るというのでは、企業はボランタリーという動機ではないということを我々自身が認めてしまっていることになる。その背後にあるいかがわしさを飲み込みながら企業献金を受けるくらいならば、ぐっと耐えて、ひもじいところから新しい選挙制度を見つけ出していくほうがいい。

私は個人献金のほうが正直言ってこわい。個人献金といっても、よく団体の幹部なんかが会社で出すとまずいから個人の名前で出すというケースがあるんですが、それは企業献金と実質的には同じです。個人の方が毎年10万円出してくれたら、何か頼まれたら断れないだろうと思います。企業献金なら「それはちょっと無理ですよ」と言えるし、自分でもそうしてきたつもりです。個人献金はよくて企業献金はだめだというのは、私はどうしても納得できないんですが、いかがなものでしょうか。民主党同士で議論していてもしょうがないんですが。

何を実現するかによって「いい金か悪い金か」は決まる

小林　先ほど私は文化と言いましたが、こういうことになっているんですよ。大企業は名前が出るのが嫌ですから、献金は事実上なくなり、兆を売り上げている企業でも5万円しか出さなくなった。つまり我々は町の中小企業によって支えられているんですが、中小企業の社長はほとんど個人でやっていますから、実質個人献金も企業献金も同じです。日本の中小企業の経営者はアメリカと違って民主的だから給料はほとんど従業員と同じです。その少ない給料はどこにいっているかというと奥さんにいっている。（笑）つまり生活費しか稼げない。社員を愛して自分はたくさん給料を取らない善良な経営者が、会社の金を使って政治家に寄付している。善良な社長はあちこちに寄付して町で尊敬されている。これが実態です。

石破　私自身は当選期数が増えて、地元の企業でも嫌な顔をしないでお金をいただけるようになりました。だけど、果たして本当に見返りなしでいただいているのでしょうか。企業の方ならわかると思いますが、企業は何の見返りもなしに政治家にお金を出すでしょうか。何かあったとき、何かしてくれるのではないかというそこはかとない期待ぐらいはあるだろうと思います。法に触れない限りで何とかしてくれませんかと頼まれたとき、献金してくださっているA社とそうでないB社とどちらにしようかなと迷ったら、もらっているほうにしてあげるのは人情だろうなと思います。パーティ券を買っていただくのも同じです。まったく何の関係もない会社に売りに行くと、「何かいいことあるんですか。この人のパーティ券買って」と経理担当者は間違いなく嫌な顔をします。「そこを何とかお願いします」「仕方がない、本人が来たからには1枚くらいは買いましょう」といって買ってもらうとこちらも弱いですから、あとで、その会社や担当者の顔がちらつきます。

民主主義は誰のものかを考えたら、誰が負担するのかの答えはおのずから出るだろうと思います。わが国は大統領制ではなく議院内閣制をとっています。その仕組みの中で、党よりも個人ということがどこまで通用するのかという議論は1回しないといけないと思います。もう一つは、党というものの存在がよくわからない。政党交付金という名の税金を国民からいただきながら国民に対して何ら義務を負っていない不思議な存在です。権利を享受して義務を負わない。わが国には政党法という法律がありません。法律をつくって、政党の権利と義務をきちんと明文化すべきだと思っています。党員の資格、党首の選び方、経理、国会の活動など、やはりお金をもらう以上は政党法で義務を決めないといけない。今の日本の政治システムの大きな課題だろうなと思います。

飯尾　だいぶ構造的な問題も出てきて、政治全体の話になってきました。皆さんのお話を聞いているとなるほどなと思う反面、きれいごとすぎるなという思いもしております。やはり今の個人献金、企業献金の問題でも「いいお金、悪いお金」があるのではないか。こういう金は受け取れないということがあるものでしょうか。そのあたりをお話しいただけると現実的な感じがします。

佐藤　いいお金か悪いお金か、判断がつかないからもらうのを避けています。ですから、私は励ます会パーティは一切やりません。なぜなら、どういう人からパーティ券を買ってもらっているか、私は確認することができないからです。私はパーティ券に隘路があるのではないかと思います。

岡田　ちょっと議論を整理しておきたいのですが、私が先ほど企業献金について肯定的なことを言ったのは、政党支部で受けているのと、パーティで受けているのとはどこがどう違うのか。そういうことを認めておいて政治家の資金団体への寄付はだめだというのはおかしいではないかという発想で言ったのです。それなら全部やめたらいいかというと、個人献金だけでは政治家の活動はできず、資産のある人だけしか政治家になれないということが必ず起こります。あるいは共産党とか公明党のように完全に党組織でやっていけるところだけになる。そういう認識のうえで申し上げました。今は企業からの献金は受けられませんが、パーティ券を買ってもらったり、政党支部にお金を入れてもらったりすることはできます。しかし、そのとき気をつけることは「金額の多いときはおかしい」と思うことです。私の支持団体では基本的に50万とか100万出してくれるところはありません。それはお断りしています。献金を受けるにせよ、これはだめですよと言えるかどうか、そういうことを一つの判断基準にしています。

小林　今の政治資金の制度のもとで、かつての自分は政治家になれたかと考えてみると、この条件では私は自民党の議員になれなかったのではないかと思います。ではなぜ当時はなれたかというと、助けてあげようという奇特な人たちにめぐり合ったおかげです。この国には無名な人を政治家にするために広く薄く金を集めるというような制度はないので、特別な変わった人によって世に出られる。昔、奨学資金を出してくれた篤志家のおかげで金のない家の秀才が学校に行けたということに似ています。こういう現実が世の中にあるのだということを知っていただきたい。とはいえ、現職になれば誘惑と隣り合わせになるので、今の法律は現職について規制しているのだよなと思いながらも、今言ったような解けない疑問があります。

原田　私の場合は、地元の約10万の有権者から支持されて国会に送ってもらっています。私は、一般の人が新聞で読む以上に政治家はまじめだと思っています。悪い人の行状が目につくものだから、皆悪いのではないかと思われてしまうが、党派を超えてみな非常にまじめだろうと思います。初心忘るべからずで最初に選ばれたときの気持ちを持ち続けていかなければなりません。小選挙区は全部で50万人近い地域ですから、国家社会のため、代議制度の下において自らの善意と信念に基づいて動くには、できるだけ一党一派に偏しない政治行動をとろうと思っています。自分の政治をしていくためにはもちろん金がいる。お金をいただくにしても、その因果関係をできるだけ薄めて自らの信念を貫けるようにする。規模をどうするか、透明性をどうするかが重要です。特定の金に依存して自分の良心を売ることだけは絶対にしてはいけないと自戒しています。

岡田　先頃、民主党をはじめ、野党4党で政治資金規正法の改正案をつくって衆議院に提出しました。その中には政党支部の数を制限する、公共事業を受けた企業からの献金は原則禁止する、政治資金報告書はインターネット上で公開する、などが盛り込まれていますが、残念ながらまったく審議されていない。これだけ政治と金が大きな問題になっている国会ですから、徹底的に議論して実現していくということを今やらないと、政治は国民の皆さんからますます遠ざかってしまう。

石破　昔、中曽根さんがリンリ、リンリと虫みたいにうるさいねと言って物議を醸しましたが、政治は最高の道徳であるという言葉に何かひっかかりを感じます。政治家の仕事は道徳の体現ではなく、どうやって国を安全に豊かに平和にやっていくのかということだと思います。倫理の実現を自己目的にするのはどこかおかしい。

原田　政治献金の問題については、与党も真剣に検討しております。自民党の体質がいろいろ指摘されましたが、この問題以外にも自治労などの組合の会費上納などの問題もふくめて検討しなければいけないと思います。

飯尾　ではここで、会場からのご質問に移ろうと思います。各々一言ずつお答えいただけますか。

会場1　議員立法で、寄付行為にもう少し個人のインセンティブが働くようにしていただきたい。また、民間で必死に人員削減をしている今、やはり議員が多すぎます。段階的に減員できますか。

原田　個人献金に対する税の控除は、現実に行われています。個人で献金するときには満額とはいかないが、3〜4割ぐらいの控除があります。しかしながら個人献金がなかなか増えないというのが現実です。また定数削減はその通りだと思います。相当削減の余地があると思います。

岡田　政治家の数について、ただたんに数を減らせばいいという観点からの意見には私はむきになって反論します。我々は官僚に対してしっかり仕事をしなければなりません。基本的な政策の意思決定をするのは政治家です。政治家の数があまりにも少なくなってしまうと、結局官僚の支配になる。コストに見合っただけの仕事を政治家がきちんとしているかどうか厳しく評価することは必要ですが、政治家の役割はもっともっと大きくしていかねばなりません。

石破　私は基本的に民主主義のもとでは一票の格差を是正するためにも国会議員の数を減らすことはやむをえないことだと思います。一つ、国会議員を減らすといいなと思うのは、大臣の持ち回りがなくなることです。大臣が半年か1年で替わるのはそうしないと皆に順番が回らないからで、こんな発想は明らかに間違いです。決して国民のためにも国家のためにもなりません。適材適所であれば5年やろうが10年やろうがかまわない。この点は絶対に変えるべきです。

会場2　政治家になられて何事かをやらんがためのお金はどのくらい必要なのかをお聞きしたい。

原田　その通りです。私も地域開発を念頭においてがんばっております。しかし、これはニワトリか卵というところがありまして、まず選挙に受からないことには何も始められない。受かるために必要なお金が要るという関係になっています。

石破　法律をつくるのには実はお金はかかりません。そのために政策秘書がいて、国会図書館にあらゆる本があるのです。衆議院と参議院それぞれに法制局もあります。しかし、それはそれとして、個人で法律は出せませんから、まず自分の党内権力闘争に打ち勝たなくてはならない。つまり、つくった法律の賛同者を得るために党内の力学が働くのであって、たとえば私はテロとか有事法制などいろんな法律を書きますが、皆さんがすべてそれに関心をお持ちとは限りません。それよりも景気だ、福祉だ、公共事業だという人もおられます。それは金がかかることではないが、本当に国家にとって何が一番必要なのかということを説いて1人でも多く賛同者を得ていくことが実は一番大変なのです。そこのところをどうしていくかという思いがあります。

飯尾　議論し尽くせない部分も残りましたが、時間となりました。政治と金の問題に関しては、政治家だけでなくわれわれ全員の問題です。本日も、政党法の必要性、政策で競う選挙の重要性など貴重なご指摘をいただきました。政治資金の実態を明らかにするために、構想日本でも公開の方法を考えております。本日はどうもありがとうございました。

2002年1月29日　第55回Ｊ・Ｉ・フォーラム
「エモーショナル・ポリティクス――政治をファッショナブルに分析してみよう」より

エモーショナル・ポリティクスのすすめ

討論者
坂井直樹　コンセプター／株式会社ウォータースタジオ代表
林　芳正　参議院議員（自由民主党）
平井卓也　衆議院議員（自由民主党）
細野豪志　衆議院議員（民主党）

コーディネーター
永田　仁　（社）日本マーケティング協会講師／東京マーケティングアカデミー副学院長

坂井直樹（さかい　なおき）

コンセプター、ウォーターグループ代表。1966年京都市芸術大学入学後、サンフランシスコでTattooCompanyを設立。73年ウォータースタジオ設立。87年「Be-1」を世に出し大ヒット。88年「O-Product」の限定販売に予約殺到。情報通信関連プロダクツとコンテンツ開発を多数手がける。01年ブランドデータバンク株式会社、04年ウォーターデザインスコープ設立。05年audesignprojectから「MACINA」「HEXAGON」のコンセプトモデル発表。主著に『コンセプト気分の時代』『テキスタイルデザインの技法』『デザインのたくらみ』等。

林　芳正（はやし　よしまさ）

衆議院議員。1984年東京大学法学部卒業後、三井物産入社。94年ハーバード大学ケネディ行政大学院を卒業。95年参議院議員選挙初当選。99年大蔵政務次官、2001年に再選を果たし、04年参議院外交防衛委員長。現在、参議院議院運営委員会筆頭理事、党政調審議委員、自民党行政改革推進本部事務局長。

平井卓也（ひらい　たくや）

衆議院議員。1980年上智大学卒業後、電通入社。テレビ局、国際局を経て海外を中心に多くのイベントをしかける。87年西日本放送株式会社代表取締役社長。93年スペインの現代美術の粋を集めた丸亀平井美術館を設立、日本人で唯一スペイン国際現代美術見本市財団会員。95年学校法人高松中央高等学校理事長。2000年の総選挙で初当選。現在、内閣府大臣政務官。ハイブリッドな雑種的知恵を持つ。「ひらたくドットコム」（http://www.hirataku.com）では自身の日記が好評。

細野豪志（ほその　ごうし）

衆議院議員。京都大学法学部卒業後、三和総合研究所入所。1999年7～9月、三和総合研究所を休職し島聡衆議院議員の秘書として勤務。同年、三和総合研究所を退職、民主党静岡県連の公募候補として第42回総選挙に立候補し当選。現在、外務委員会、内閣委員会、全国温泉振興議員連盟事務局長、フィルム・コミッション研究会事務局長、ネクスト・キャビネット国家公安・防災担当総括副大臣、内閣部門会議総括副大臣。http://goshi.org.

永田　仁（ながた　ひとし）

社団法人日本マーケティング協会講師、東京マーケティングアカデミー副学院長。名古屋大学卒業後、自動車・食品メーカー、パイオニア株式会社を経て、現在財団法人社会経済生産性本部、社団法人日本マーケティング協会講師、東京マーケティングアカデミー副学院長。主著に『企業向けビジネス戦略営業の法則』『営業所を強くする破壊の戦略』『実践マーケティング』『シンプルパワーの経営』等。

エモーショナル・マトリクスは現代社会の「感性の地図」

永田　最近、エモーショナルという言葉が盛んに使われます。ビジネスをはじめ、さまざまな分野で「感性」を大切にしようという動きの現れでしょう。感性といえば、もともと政治というのは人が動かすものなので、「政治＝政策×感性」という言い方もできるのではないか。こうした観点から本日は、長年の商品企画の経験をもとに、人の好みやセンスを、指標化、データベース化した「エモーショナル・プログラム」を開発した坂井直樹さんに、政治を感情、感性という面から楽しくファッショナブルに分析していただくという趣向を企画しました。では坂井さん、お願いします。

坂井　エモーショナルという言葉に、もともと僕らは「感性」という訳語を使っています。英語的には「感情」という言い方のほうがおそらくは正確な認識らしいですが。

僕らの業界では、ブランド・アイデンティティとかコーポレート・アイデンティティという言い方をしています。政治、政党、政治家というものに対しては、今までマーケティングの概念はほとんど機能してきませんでしたが、これからは対象になるだろうと僕は思っています。

たとえば、僕は業界では「日産Be-1をつくった坂井」と言われています。他にいろんなものもつくってきているわけですが、それだけで要約されます。たとえば社民党の辻元清美さんは「ソーリ、ソーリ、ソーリ」と3度言ったことでイメージされて終わっている。小泉さんは、貴乃花に優勝杯を手渡したときに「感動した！」と言ったので、「感動したの小泉さん」というふうに印象づけられている。塩ジイこと塩川財務大臣は「忘れました」ということで記憶されている。このように、大衆は意外と乱暴にパーソナリティとかブランディングを決めつけています。皆、これ以外にたくさんいろんな良いことを言っているはずですが、そこまで汲み取っていない。本日は、こういう事実にまず興味を持っていただき、最後に、いかに政治家のブランディングが可能かということにたどり着ければいいかなと思います。

はじめに、エモーショナル・プログラムの概念をちょっとお話ししたいと思います。

エモーショナル・プログラムとは顧客（生活者）のマインドスタイルやライフスタイル、また商品デザイン、商品コンセプトのスタイルを定性分析することで、より付加価値の高い商品やサービスを開発する手法です。日本の工業メーカーに課された課題の中の大きな部分だと思います。

エモーショナル・プログラムでは、生活者のライフスタイルなどを定性分析するために、「エモーショナル・マトリクス」を用います。感性のメディア装置としての〈ブランド〉をベースに、顧客の感性を九つのセグメントに分類します。まず、縦軸にマインドエイジとして、精神年齢でいうアダルト、ヤングアダルト、ヤング、ジュニアをとります。横軸がテイスト傾向で、保守的（コンサバティヴ）か革新的（プログレッシヴ）かです。たまたま保守、革新という言葉は、我々がマーケティングで商品を分析するときに使っている言葉と同じです。

たとえば、男性ファッション・ブランドと自動車を分類すると、図1・2のようになります。

■図1 メンズ・ファッション・ブランドのエモーショナル・マトリクス

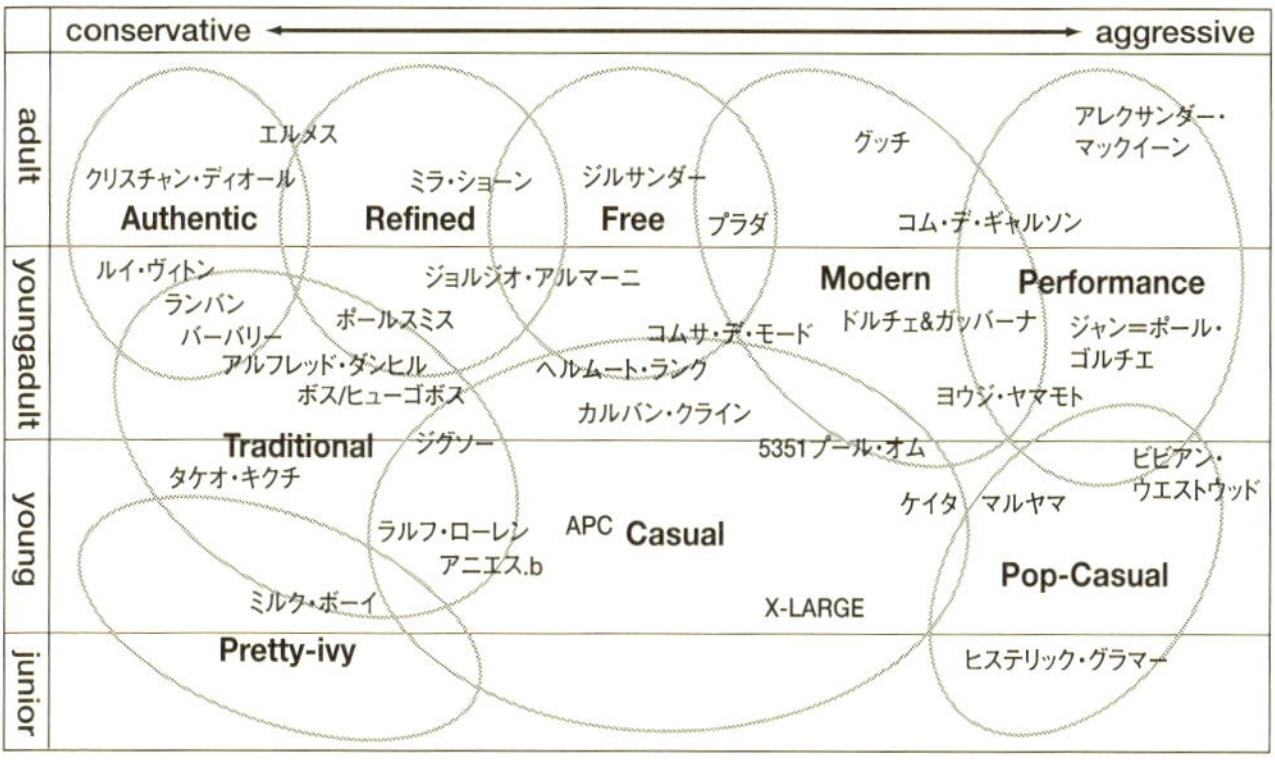

©water studio Inc.

■図2 自動車（国産車、輸入車）のエモーショナル・マトリクス

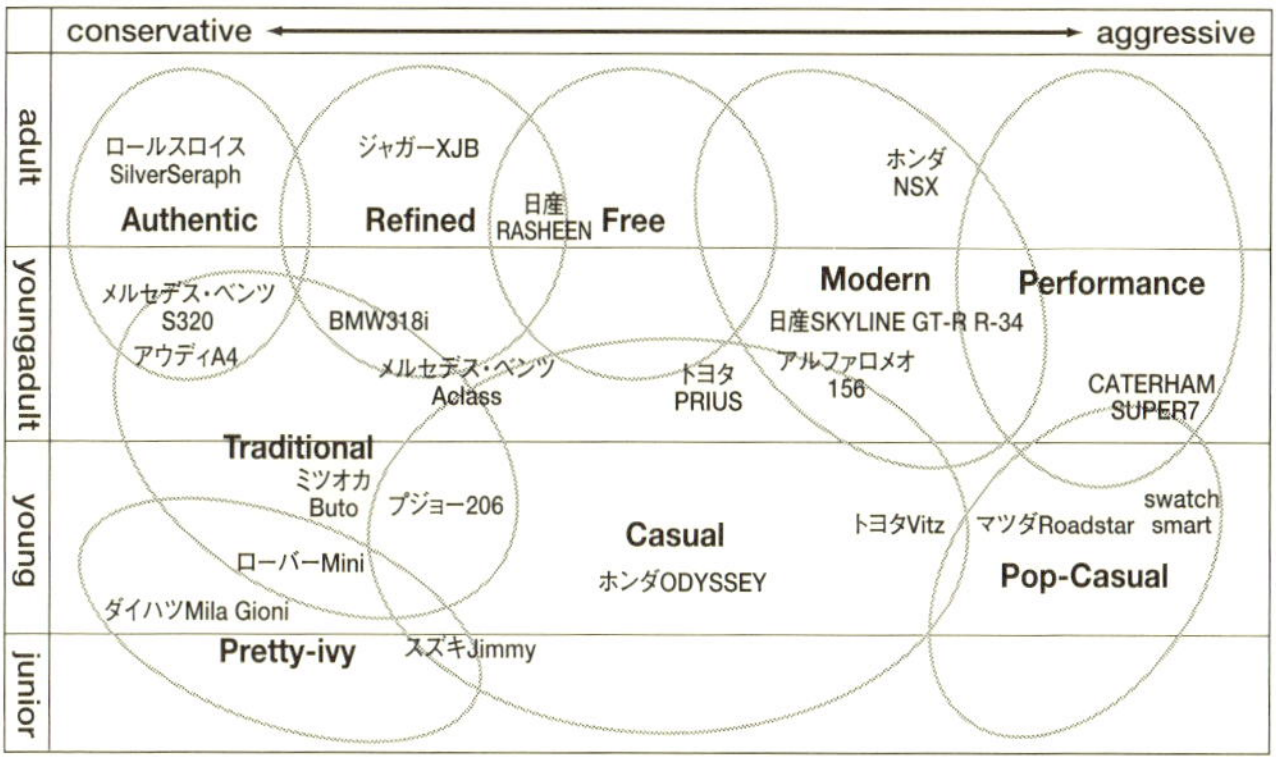

©water studio Inc.

横軸は、オーセンティック派から右へ、リファインド派、フリー派、モダン派、パフォーマンス派と呼んでいます。年齢の軸が下がっていくと、トラディショナル派、カジュアル派、ポップカジュアル派、プリティアイビー派となります。たとえばファッションでいうと、一番保守的なオーセンティックなアダルトではクリスチャン・ディオール、ランバン、バーバリーなどがきます。自動車だとそこにロールスロイス、メルセデス・ベンツS320、アウディA4がきます。

エモーショナル・プログラムでは、生活者の嗜好性は生活におけるあらゆる構成要素においておおむね一貫性をもっていると考えます。したがって、このマトリックスは衣食住、遊、健、知……とさまざまな種類の消費のパターンを串刺ししているもので、人間が気づかないうちに一貫した消費動向を持っているものだということを表しています。いわば現代社会の「感性の地図」です。

永田　実はこのエモーショナル・プログラムは、もともとマーケティングのために開発された手法です。政治の話に入る前に、マーケティングで目指していることを簡単にご説明申し上げます。

まず一番目に21世紀は「心の時代」「エモーションの時代」と考えております。「物から心へ」「物より思い出へ」。もうちょっと私の実感を込めて言うと、物の前に「命の時代」があったのではないかという感じがいたします。私が小学生のときに第二次世界大戦がありました。その時代は本当に命をどうして守るかということを我々は必死に考えました。それが1950年代まであったのではないか。そのあとが「物の時代」です。私は自動車メーカー、食品メーカーに勤め、そのあと18年ほどパイオニアに勤め、まさに高度成長真っただ中、物の時代に生き、働いてきました。

さて、皆さんの家庭では、車もある、テレビもある、冷蔵庫もある……物がこれだけ普及してなおかつ物足りない、心が満たされないという時代が21世紀です。これは総理府が毎年行っている、生活の重点を何に置くかという調査の結果で、すでにバブルの前から「心の豊かさを重視する」という人が「物の豊かさを重視する」より逆転していることからわかります。心を最高に充実させた状況というのは、おそらく〈エモーション〉をいかに満たすかということだろうと思います。

エモーションの定義を英和辞典で拾ってみますと、「感情」「情緒」と出ております。英訳には「動悸、身震い、叫びなどを伴うような激しい感情の動き」とあります。まさに感動とか感激がエモーションです。日本語の辞書によると、神様が我々のところに降りてきてそれに感ずるというのがもともとの「感」の語源で、感動とは神霊を感じて心が動くことという意味であるようです。

物を満たすマーケティングと心のマーケティングの特徴を整理してみましょう。物のマーケティングのターゲットはデモグラフィック、つまり人口統計的な分類です。男女、年齢、あるいは都会に住んでいるとか田舎に住んでいるとかいう、いわゆる人口ピラミッドの要因でターゲットを選ぶということです。ニーズは物を対象としていますから、わかりやすく比較的顕在化しています。つまり、便益性、便利だとか性能がよいとかいうことに価値を置き、より速い車、より大きいテレビなど物理的な特性で測れるような指標で選ぶということになります。

それに対し心のマーケティングはサイコグラフィック、心理学的要因がターゲットです。これはなかなか捉えにくく、本人もよく気がついていない。つまり潜在ニーズと言えます。この捉えにくい心をどう捉えるかというのが、坂井さんが開発されたエモーショナル・プログラムだと思います。

これは従来のような人口ピラミッドではなく、ジュニアからアダルトに至る精神年齢を縦軸にとり、横軸に、コンサバティヴ、アグレッシヴといういわば心の態度をとり、その平面上に人々を九つのセグメントに分類する、いわば感性のマトリックス分類です。これを座標軸としてオーセンティックな人にはどんな車、どんなテレビ、どんな食品が向くか、カジュアルな人にはどうか、というマーケティングを展開します。21世紀に向けて非常に効果的なマーケティングが期待できるのではないかと思います。

今、マーケティングの世界でナンバーワンの学者と言われているフィリップ・コトラーの言葉があります。「新しいミレニアムは企業にとってお客さんからマインドシェア、心のシェアを獲得する最大のチャンスである」。エモーショナルプログラムというのは、まさに心のシェアを獲得するために重要な羅針盤の役割を果たすのではないか、と思っています。

今、日本は元気がありません。しかし、その中でたとえばスターバックスにしてもクロネコヤマトの宅急便にしても、人々のエモーションに訴える商売をしているところは元気です。そんなことでEPを羅針盤にした心のマーケティングをぜひ展開していただきたいと思っております。日本が元気になるためには構造改革が必要だと言われておりますが、企業の構造改革は物づくりから心づくりへの転換をいかにするかということだろうと思います。

そこで政治家の皆さんに、心づくりにふさわしい環境をぜひつくっていただきたいとお願いしたい。たんなる物としての道路とか建物ではなくて、心をつくっていくための教育なり環境を整備すれば、我々日本人の心が豊かになって元気になる。それで経済が活性化する。それが日本が元気になる道ではないかと思います。ぜひ、政治家の皆さんにもご協力いただきたいと考えております。

九つのステージで政治家の感性を斬る！

坂井　さて、この九つのマトリックスに今の日本の政治家を置くとどうなるか。それが図3です。まずオーセンティック・ステージ（正統派）に、保守派の象徴のような橋本龍太郎さんが入ります。このステージはもっとも保守的な感性スタイルを持っていて、歴史がありすでに一流と認知されているブランド群がベース。社会的ステイタスを求める傾向が非常に強い。しかし感性は硬直化しているとも言える。したがって新しい物に拒否反応を示す。新しい感覚に理解を示さない。現状維持でよい、伝統を継承して後の世に伝えるのだというタイプである。長年使い慣れ、熟知したブランドを愛用する。祖父の代、親の代からから同じ住宅に住んでいて、自分の代で引っ越して改築することに消極的。他には、野中広務さん、亀井静香さん、古賀誠さんとか森喜朗さんが入ります。

最初にお断りすると、この方々に合わせて上記の分析を書いたのではなく、あくまで九つのタイプの分析が先にあってそこにあてはめました。構想日本のスタッフの方と当社のあまり政治を知らない若いスタッフ10人ぐらいが話し合って、だいたいこのへんじゃない、と決めたものです。

次はリファインド・ステージ（洗練派）ですね。品質が社会に認知されていて、テンポの速い都市生活にマッチする現代的な感覚を持つブランド群がベース。保守的だが、新しい時代の感性をキャッチして自分の流儀を築いている。保守的だが、新しい感性を自分のスタイルとして取り込む姿勢は持っている。オーセンティック・ステージに比べればより現代的で柔軟性に富み、好奇心旺盛。半面、饒舌すぎる過剰な出たがり屋でもある。代表する政治家としては扇千景さん。ヨーロッパの高級ブランドをこよなく愛し、食に関しては貪欲でグルメ志向が強い。社交好きで旅行好き、パーティには必ず出席する社交家である。その他、三塚博さん、平沼赳夫さんが入ります。

次は真ん中のフリー・ステージ（自由派）です。快適な生活観を重視し、新しいベーシックを追求して80年代以降に登場してきたブランド群がベース。伝統的なブランドから革新的なブランドまで知り尽くしているけれども、結局フリーというか、ノーデザインというか、普通の生活感がいなという選択をした人たちです。自然体の自由な感性スタイルで自分らしさ、快適さを追求する。この感性は視野が狭く融通がきかないところがあり、ディープエコロジストなんかそうですね。価値観は自然体、エコロジー、無垢でいること。精神の安定とノンストレスな生き方が目標です。聴いているとα波が出るようなヒーリング系の音楽を好み、同じ曲ばかり何度も聞く傾向がある。（笑）代表例は野田聖子さん。神崎武法さんがなぜかここに出ている。羽田孜さんもいますね。

■図3　2002年当時の政治家のエモーショナル・マトリクス

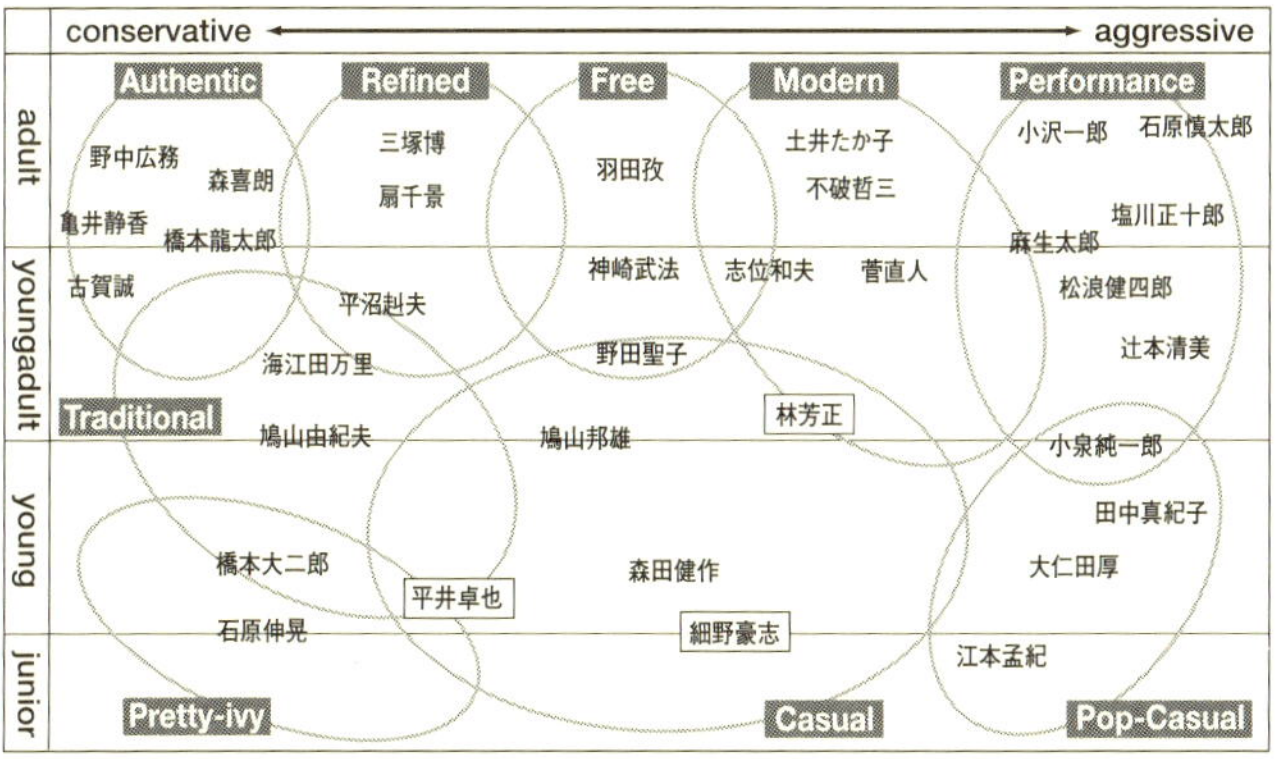

※□は討論者　　©water studio Inc.

次はモダン・ステージ（現代派）です。かなり革新的になってきます。次なる新しい文化の匂いを漂わせた現代的なブランド群がベース。時代の感性を先取りしたアーティスティック感に強く惹かれ、生活リズムも都会的でスピード感がある。新規探索傾向の強い感性スタイルで、質の高い時代の〈Next New〉を常に追い求め、古い物は平気で捨てる。この感性は、飽きっぽく、いつも歩き回ってじっとしていることがない。合理性と新しさに価値観を置く。目標は時代とともに生きること。流行にはいち早く反応するタイプです。たとえば民主党の菅さん。他に、土井たか子さん、不破哲三さん、志位和夫さんらがここに入っています。このメンバーでつくるならモダン党か。

それから、パフォーマンス・ステージ（表現派）です。もっとも革新的な大人で、先端的なインパクトを持つデザイナーの個性や、クリエイティビティを全面に押し出したブランド群がベース。独創的な斬新さを尊重し、生活自体がパフォーマンス的である。新しい時代を切り開いていく強さを持ち、人の目は気にしない。社会の刺激剤となり、図らずも発想の転換を強いる〈道化〉の役割を果たしている。反面、日常生活自体が演出的、演技過剰になりがち。この感性の目標は究極の自己表現、どこにもいない人間になることである。議論好きで、見た目は変わっているけれども、意外と自分の過去には執着し、ある意味では非常に保守的だったりする。

代表的なのは保守党の松浪健四郎さん。他に石原慎太郎さん、小沢一郎さん、辻元清美さん、麻生太郎さん、塩ジイこと塩川正十郎さん、それに小泉首相。どうですか。この人たちがもしパフォーマンス党という政党をつくったらどんな感じになっていくんでしょうか。

林　麻生さんはもうちょっと左、保守的かなと思う。

細野　いずれもメディアを非常にうまく意識している方々だなというイメージがありますね。

坂井　その次はトラディショナル・ステージ（伝統派）ですね。伝統的でオーソドックスなブランド群がベース。スーツで規律を守り、社会的に認知されることに価値を認める。集団帰属型の従順な感性。サラリーマンに一番多いということかもしれません。スタイリング、生活様式に定型のルールを必要とし、自分勝手なアレンジは苦手である。この感性は社会性をわきまえた好感度の高い好青年タイプであり、年長者とも先輩後輩の間柄でうまく付き合っていく。目標は輝かしい未来を勝ち取ること、組織の中枢にいること。自分の好みより他人にどう見られるかでファッションを選ぶタイプ。独学せず、新しい知識や技術を得ようとするときにはとりあえず学校に通う。音楽の趣味は20代前半から変わらず、カラオケでいつも同じ歌を歌う。（笑）たとえば鳩山由紀夫さん、橋本大二郎さん、それに海江田万里さんがなぜか入っています。

平井　鳩山さんは兄弟とも個性的です。弟さんは自民党にいますが、趣味は蝶で、蝶と料理に関する造詣の深さでは、右に出る者はいません。日本で特定の蝶の生息地が北上していることを、地球温暖化の問題と関連づけて考えていたりしています。お兄さんの方は僕の勘ですけれども、頭の中は〈美〉だと思います。文化芸術振興などに力を発揮する方だと思いますけれども、普通のゾーンの政治ではちょっと力を発揮できないのではないでしょうか。（笑）

坂井　なるほど。結論が出ていますね。伝統派というのはそういうポジションでもあるわけです。

さて次はプリティアイビー・ステージ（プチ伝統派）。これは世代で考えたらいいんです。おじいちゃん・おばあちゃんが正統派、お父さん・お母さんが伝統派、息子や娘がプリティアイビーと、だいたい一家の構成がこうなっている。若者ならではの「かわいい感覚」を表現しているブランド群が基本。保守的で集団依存性が高く、いつも誰かとつるんでいないと不安になる。年配層から好感を持たれ、育ちの良さが自然に出る。この感性は、母親と同じ正統派ブランドを共有し、伝統的なものの良さや集団ルールをきちんと身につけることで育まれる。皆と同じであることを潜在的に望み、仲間はずれを嫌う。価値観は若さで、今が人生で最高のときだと思っている。目標は、今を大切に生きて友達を大切にすること。いい人ではないですか。（笑）たとえば、石原伸晃さんと、再び橋本大二郎さん。ジュニア世襲で三代か四代ぐらいまでファミリーが続く感じでしょうか。

林　けっこう詳しく見ていらっしゃるなと思います。もっとも伸晃さんの場合、大臣になってからのイメージは前とは少し変わっている感じがしないでもないが、やはり両面あるんですよね。

坂井　長島茂雄と一茂という感じもしますね。さて、次はカジュアル・ステージ（日常派）です。九つの中の中間領域にあたり、あらゆる流行の最終的な受け皿で、一番人口が多いマーケットです。基本データも半年毎に入れ替わっている。公私の境目がなく恒常的な「オフ感覚」が特徴で、時代の気分に反応しすぎ、いまだ自分の感性に覚醒していない。自分に自信がなく他人を意識しすぎて一貫性がない。この感性の目標は人と同じであること。あの人が持っているから私もほしいというタイプです。流行のファッションに関心はないのに、人の後追いをする未成熟なフォロワー。たとえば森田健作さんと鳩山邦夫さんが入っていますね。これについてはどうですか。

平井　森田さんとは個人的に大変親しくさせていただいています。彼も無所属で当選して自民党の議員になりましたが、「俺に投票する人は日経は読まない。スポーツ紙しか見ない。だから私はスポーツの記者を大事にする」と。スポーツ紙を読みながら喫茶店で座っているおっちゃんが自分を応援してくれている、というのが選挙区の分析らしいです。鳩山邦夫さんはまったく独自の世界に入っていて、はっきり言ってこのツールでは計れないんじゃないかと思う。（笑）

坂井　次は最後の分類で、ポップカジュアル・ステージ（ストリート派）です。若者独特のアクティビティやコケティッシュな過激さを強調したポップなブランドが基本で、渋谷センター街を歩いている少年やガン黒のおねえさんなど、先鋭的で目立ちたがりなイメージ。社会と自分との接点を意識し、社会常識やルールを逸脱する方法で自己表現しようとする。価値観は反社会、反システム。若者らしい「理由なき反抗」の現代版です。目標はとにかく目立つこと、自分の存在を知らしめること。自分の身体そのもので自己表現したいと考えているため、ヘアスタイルやボディピアスにも関心が強い。大仁田厚さんがそうかもしれません。田中真紀子さん、江本孟紀さんも入ります。

さて、このマッピングで、もし九つの政党をつくったらどうなるか。オーセンティック党、リファインド党、フリー党、モダン党など。この人たちが一緒になったほうが、少なくともエモーショナル・プログラムから見ると整合性を持っているわけです。もちろん政策面などでいろいろ議論が出るでしょう。たとえば小沢一郎さんと石原慎太郎さん、塩ジイと松浪さん、辻元さん、小泉さんが一つの政党を組むなんていうのは相当乱暴な話ですが、土井たか子さんと不破さん、志位さん、菅さんが一緒だったらおもしろいかも、とか。そういう参考にしていただければと思います。

好みのファッションやクルマでわかる自分の指向性

坂井　実は、本日ここに来られている方々についてもマッピングさせていただきました。まず平井さんは伝統派とカジュアルの間にいて、林さんはモダンとカジュアルの間にいる。細野さんはカジュアルに入っている。3名ともシンクタンクとか代理店の経験があるということもあって、比較的若い感性です。ただその部分でメッセージを出せばよいのか、そこから年長者へ対して自らのブランディングを行ったほうがよいのかということはまた別の議論になると思います。

林　モダンの下の若いほうにいるんですけれども、上をみると土井たか子、志位和夫となっていてけっこう寒いなと……。（笑）多分もうちょっと横軸は左の、コンサバのほうかもしれないです。

永田　ファッションブランドの好みで分けているんですが、特にファッションブランドの好みはいかがですか。

林　ファッションではもっとオーセンティックのほうにいくかもしれませんね。エルメスとか。

坂井　失礼しました。エルメスはまさにオーセンティックですよね。

林　昔のアイビールックってあったじゃないですか。あれはどのへんになるわけですか。

坂井　アイビーはトラディショナルですね。林さん、時計はけっこうトラディショナルですよね。

林　そうですね。だけど20代から同じ音楽を聞いているというのはちょっと……（笑）

坂井　ちなみにスーツのブランドは。車は何ですか。

林　芦田淳さんの仕立て。車はシーマです。

坂井　やっぱりかなり左ですね。奥さんの元職業は何ですか。（笑）

林　ＩＢＭのコンピューター会社……

坂井　ＩＢＭを企業で分けるとトラディショナルです。

林　かなりね。私も三井物産でしたから。（笑）

細野　一つからいろんなことがどんどんわかってしまうんですねえ。

坂井　細野さん、一番下のカジュアルに入ってますが、今、不満を持っていませんか。（笑）

細野　私はこういうマーケティングと選挙はちょっと違うかなと思っています。選挙の場合は客観的にどう見られているかが大事なので、そこの層に徹底的に好かれるようにする。自分が好かれることによってそれが伝搬していくことを狙いますよね。だけど、別に選挙のためだけに生きているわけではないですから、平井さんのあたりまでずらしていただいたほうが……

坂井　ちなみに車、ファッション、時計のブランドを教えて下さい。

細野　車はカローラです。経済的な理由もありますが。服は時間もないし、だいたい同じ店で、同じ店員に任せてしまう。そういう意味でこだわりがないと言えます。時計はタッグホイヤーです。

坂井　伝統とカジュアルの間ですね。次に平井さん、ファッションと時計と車を教えて下さい。

平井　スーツはベリー。ネクタイはブルガリ。時計はフランクミューラー。車はクラウンです。でも嫁さんはブランドじゃないです。（笑）大学の同級生です。

林　おもしろい、平井さんと私とちょうど逆ですね、マッピングされた位置と自分のイメージが。

平井　このゾーンで全部分類すると、どこが幸せになる確率が高いか。何となくみていると左のほうにくればくるほど、薄幸な感じがするんです。右に寄っておいたほうが運を高めるのかなと思

うので、私はもっと右で、上のほうに寄せていただけませんでしょうか。（笑）
坂井　それ、けっこう電通的でいいですよね。（笑）今おっしゃった通り、左のほうは全部消えていくトレンドなんです。新しいトレンドが右のほうで浮かび上がって左側へロールしているんです。

ポスト小泉をエモーショナル・マトリクスで占うと……？

平井　とすると、小泉さんの登場のあとは、つまり左のほうの人はお呼びじゃないということになりますよね。そうなると次の総理総裁候補というのは小泉さんよりもっと右にいないとおかしくなるんですよね。じゃあ誰がいるかというと辻元さんと真紀子さんと塩ジイと石原慎太郎さん……。
永田　やっぱりパワーのある商品というのは右のほうなんです。アグレッシブのほうで、そこからずーっと左のほうに移っていくわけです。
林　マーケティングは多分どんどん新しいものが出てきて古いものはフェイドアウトするということだと思うんだけれども、政治の意味での保守革新はまさに振り子で、小泉さんのところまでいっちゃってだめだったら左へ戻るというのもあるのかなという気がするんです。逆に言うと経済政策はそれしかないでしょうね。次々に新しいものが出てくるわけじゃないから。

坂井　一致するかどうかわかりませんけれども、ミニスカートなどの流行のあとは、マキシースカートがきたでしょ。カジュアルファッションでいくと次はいきなりドレッシーになっていく。

林　たしかに、今の流行の音楽は我々が学生のとき聞いていたものがけっこう復活しています。

細野　多分ひとところにいたほうが得なんだろうなという気はするんですね。ブランド的には一番長持ちするのがどこかなと考えちゃうんですが。これを選挙区でやれば相当売れますよね。

坂井　さっき林さんから麻生太郎さんはもっと左じゃないかと指摘がありましたが、あえていうならどのへんに入れたらいいですか。

林　半分はみ出るぐらい右にずらして、それが裏側からオーセンティックにつながるとか。

平井　麻生さんは斬新な政策を好むタイプですが、根はオーセンティックですよね。

坂井　参考までに、フリー・ステージとモダン・ステージに今ヒット商品が集中しているんです。そこが時代の気分と欲望が渦巻いているエリアであろうということは推定できるわけですけれども。

会場1　土井たか子さんも不破さんも志井さんもヒット商品と言えるんでしょうか。（笑）

坂井　同じ枠の菅さんは大ヒット商品になりそこなったという感じがしますよね。

平井　菅さんは根強い人気商品だと思いますね。キリンラガーみたいに。爆発的には売れないけれどもずーっと固定客のいるスナックみたいな感じの売れ方じゃないかと思うんです。

加藤　土井さんを含めて、不破さん志位さんというのは昔風の保守革新で言うと革新なんです。しかし実は今や共産党はまったく保守でしょ。こうなるとだいぶ位置が違うんじゃないか。リファインド・ステージの三塚さんの隣りぐらいじゃないですか。もっともこれは共産党という党の中でのことであって、個人的にはひょっとしたらとても魅力的な方かもわからない。

坂井　今、党の話が出たんですけれども、党はどこに入るんだろうというのはどうでしょうか。

平井　自民党は包括的な政党なので、全体にインクをこぼしたような形じゃないかな。

細野　民主党は人によって全然違いますよね。たとえば長野県は羽田さんがいるんですが、政権の中枢にいた人なので極めて保守的にみられている。一方私の選挙区では民主党は革新的にみられているところがあります。ですから民主党もこのマッピングはなかなかしにくいところがあります。

坂井　ただ、僕らのリサーチによると、ソニーとホンダと民主党はわりとクロスマーケティングで一致してくるケースが多いんですよね。なんか松下じゃない、なんかトヨタじゃない、と。ただ加藤さんの言うように共産党のイメージは確かにつかみにくくて、どこに置いていいかわからない。

心の時代、〈感性の物差し〉を政策にどう活用するか

坂井　では次に、エモーショナルの時代に何をすべきか。一言ずつお話しください。

林　永田さんがおっしゃった「心の時代」というのを私もすごく感じています。今の政党をみて

も、昔の保守革新では律しきれないようになっている。所得再分配をどのくらいするかみたいな話は物の時代のテーマで、それがもう当てはまらなくなっている。

今、消費が増えないのはほしい物がないからだというけど、よくみると、心の豊かさ、レジャー、余暇生活のニーズはずっと伸びている。20代主婦、40代自営業というデモグラフィックな見方で政策も考えがちですが、そうじゃないサイコグラフィック的な、このマッピングのような方法で考えると、消費を喚起するための規制緩和などの部分がもう少し見えてくるのかなと思いました。その意味で非常に新しい切り口ですよね。選挙もこういうマーケティング的な手法がこれから出てくると思うんですが、それ以上に経済政策や福祉みたいなところにもこういう切り口を入れていくと、今まで見えなかったものが見えてくるのではないかなと思いました。

坂井　最近、ドコモの大星会長やソニーの出井さんなど僕らから見ると重厚長大系の人たちが、盛んにエモーショナルという言葉を使うんですね。ウォークマンを買った人はハードウェアを買ったのではなくて、その中に入れる音楽というソフトを買っているんだと。エルメスというバッグは、物を入れる鞄ではなくてエルメスの伝統だとか、心だとか気分を買っているんだと。それで、竹村健一さんまで最近エモーショナル・インテリジェンスなどということを言い出していますね。

細野　おっしゃるようにエモーショナルな政策は非常に重要だと思うんです。本当にそれが伝われば、政治家も、有権者も、もしかしたら社会もハッピーになるのかもしれない。ただし、これがなかなか伝わらないというところに問題があります。たとえば、うちの鳩山由紀夫さんはたまにとてもいいことを言うときがあるんだけれども、発言がなかなか伝わらない。その点小泉さんが何か言うと、はっと引きつけられるところがある。政策的にもそのへんが伝わりやすいのが非常に強みかなという気がします。自民党のイメージは私はオーセンティックだと思いますが、一方で小泉さんが非常にエモーショナルな存在で、比較的パフォーマンスのほうにいる。この幅が大きいことが今、政党として力を持っている要因なのかなとそんな気持ちがしました。

政治はマーケティングよりも長い目でリスクをとること

平井　私は小泉さんは趣味から言ってももっとフリー・ステージに近いと思います。本当に過激なほどパフォーマンスなわけでもなくて、周りの役者が全部引き立て役に回ったので右のほうに寄ったように見えるけれども、実際はわりと真ん中に近いんじゃないかなと思います。小泉さんの政策は、はっきり言って断固たる曖昧さというか、ある意味では幅がずいぶんある。実はけっこう古い人なのに、周りの役者がもっと古いから皆が新規性を感じて、人気がブレイクした。中味自体は30年間も議員をやっていますから、どっぷり旧体制につかっています。だけど彼に新規性を感じるほどに永田町は古いところであったということだと思うんです。

政党の仕事は、売れない政策、受けない政策をいかに認めてもらうかということです。今はすぐに効果がないものでも受け入れてもらう。つまりマーケットの支持が高いものは短期的にはいいかも知れないが、長い目で政策を考えるとそうとばかり言えない。だからある意味では国民にこびないようなスタイルを貫けるかどうか。リスクを取れるかどうかがこれからの政治のテーマでしょう。リスキーな政策のリスキーなところを魅力として感じてもらって、国民に支持してもらう。リスクをかぶらないとリターンはないのと同じで、今、政策である程度リスクのあるものを国民とともに選択するという政治家が出てこなければならないのかなというふうに思っています。

私はこんなことを言っていますが、今、自由民主党にいます。当選したときは無所属だったのになぜかと言うと、他の政党にいたら、たとえばギャンブルで言えばチップをかけないでゲームをしているようなものなんですよ。本当にチップをやり取りできる、つまり実際にリスクをかぶりながらやっていくために自民党に入りました。そして私は今、不均衡の容認という政策を掲げています。要するに均衡のある国土の発展なんて無理だと。不均衡を健全なる差異として捉えるような政策というふうに頭を切り替えてしまうと、いろんなところに突破口があります。自民党は包括的な政党ですから、私は仲間をつくってそういう政策を打ち出したい。そんなふうに思っています。

坂井　いや、政治家のライブ議論を聞いたのは初めてでしたが、迫力がありますね。(笑)

永田　ありがとうございました。このエモーショナル・プログラム、これを皆さん方もぜひ、自分はどのポジションにあるのかなということを自己判定していただきたい。誤解のないよう申し上げたいことは、先ほど薄幸だとか消えていくとかいう見方がありましたが、これはあくまで個人の感性で好きか嫌いかの問題であり、良い悪いではありません。だからこちらに行くと消える運命だとかよくないとかいうことではないんですね。大切なのは、一人一人バラバラなポジションを認めるということです。それをどこかに統一するということではなくて、それぞれのポジションの中で幸せを追求する。そのためにマーケティングをどうするか、政治をどうするか、という話なんです。マーケッターとしてあるいは政治家として、こういう好みで、こういう幸せな人生を指向しているというのをみていただいたうえで、企業としてはマーケティングをし、政治家としては政治をしていただくというのが望ましいのではないか。

松下電器をみてください。ダイエーをみてください。あれは物を豊富につくって供給するという経営ですね。松下さんの場合、水道経営といって、水道をひねると水が出てくるように豊富で安い商品をどんどん供給しようということでやってこられた。ダイエーもより安く、より多くでやってこられた。それが今、破綻しているわけです。これからは、心を指向したマーケティングをしないといけない、政治もそうでないといけない。三人の方はさすがに若いので、しなやかな感性で受け止めていただきました。これからの政治、期待できますよね。本日はありがとうございました。

第101回　国の事業仕分け―民の目による官のリストラ　(2005.12.21)

第102回　「小さな政府」について一度きちんと考えてみよう　(2006.1.31)

第103回　本当の問題は都市全体―耐震強度偽装では済まされない　(2006.2.22)

第104回　ホスピタリティが社会を変える―おかみさん、old and new　(2006.3.28)

第105回　国有財産・本当に売っていいのか？　(2006.4.24)

第106回 スポーツは偉大だ―スポーツで地域おこし・成功例　(2006.5.30)

第107回　懐の深い関係を築こう―日韓、東アジアの将来にむけて　(2006.6.12)

第108回　「バリアフル」こそ醍醐味　(2006.7.25)

第109回　古武術とクオリア―丁々発止の切り結び　(2006.8.28)

第70回　国益と外交―イラク問題をきっかけに、「国益」にもとづく外交のあり方を見直す (2003.4.23)

第71回　考えたことがありますか　あなたの町がどうなるか (2003.5.27)

第72回　グローバル時代の危機管理―紛争・テロ・SARS感染、が私たちに問いかけるものは？ (2003.6.25)

第73回　アジアの潮流と日本の混迷―カネ・モノが動く中、ヒトの流れは？ (2003.7.29)

第74回　医療改革を〈医の原点〉から見つめ直す!!―患者の視線で医療に取り組む現場医師が語る (2003.8.20)

第75回　住民基本台帳ネットワーク―本当に便利？ 管理システムに組み込まれる？ (2003.9.30)

第76回　挑戦する若者達！―自分の志を生かす働き方を紹介 (2003.10.29)

第77回　年金制度は不安でいっぱい!?―どのような制度を目指すのか？ (2003.11.25)

第78回　マニフェストを活かすには―政治家の「活動」と「カネ」をチェックする仕組みを考える (2003.12.17)

第79回　開発援助を通して考えた〈人間の幸福〉―何が先進国・何が開発途上国？ (2004.1.27)

第80回　保育所は〈雇用〉〈女性〉だけの問題か？―「乳幼児教育」が日本の将来を致命的に左右する!! (2004.2.25)

第81回　外国人から見た日本の政治―時代の変わり目を迎えている日本の取組みを外からの目で見る (2004.3.30)

第82回　市町村にとって合併よりも大事なことは？―市町村長のカンカンガクガク (2004.4.28)

第83回　なぜ〈食べもの〉が危なくなったのか？―牛、鶏、野菜……大量生産・消費と地産地消 (2004.5.25)

第84回　名は体をあらわす―あらためて地名を考えよう。そこから町、さらには国のすがたが見えてくる (2004.6.30)

第85回　女性必見！男性超必見!!―女性リーダー達の勇気と元気と心配り (2004.7.27)

第86回　売り手よし、買い手よし、世間よし―CSRって何？ 日本の商人哲学を見よ！ (2004.8.25)

第87回　木に教わり、山に叱られる―効率を求める使い捨て社会からの脱却 (2004.9.28)

第88回　〈語り〉が歴史をつくる―オーラル・ヒストリーでブラックボックスを開く (2004.10.27)

第89回　浮き足立ち症候群～危機の正体21―21名の専門家に様々な「危機」とそれを生み出す世の中について語って頂きました (2004.11.30)

第90回　日本の政治をどうする？―新人国会議員が大いに語る (2004.12.15)

第91回　教育現場に対する市町村長の熱い思い！ (2005.1.25)

第92回　人づくりのしんどさと面白さ―京大アメフト監督と人事コンサルタントが大いに語る (2005.2.24)

第93回　もう一度歴史をよく見てみよう―日本人の生き方、暮らしぶり (2005.3.29)

第94回　若者の政治改革―低迷する選挙や政治閉塞状況をいかに打破していくといいのか (2005.4.27)

第95回　金太郎飴は卒業だ―地域の「宝物」再発見で元気になっている自治体の取り組み (2005.5.24)

第96回　巨大災害―近未来の気候変動を科学的に予測する!! (2005.6.29)

第97回　〈ローテクベンチャー〉で日本再生！―地場産業・中小企業が元気になってこそ、日本は元気になる (2005.7.27)

第98回　「飽食」の「貧食国」日本 (2005.8.31)

第99回　Boys be Ambitious!! ― ある自治体職員のプロジェクトX (2005.9.27)

第100回　464人のゲストと一緒に日本を構想しよう！ (2005.10.28)

しくみとは？ (2000.6.29)

第37回　地域から国を変える—地方議員が動き出した!! (2000.7.18)

第38回　日本には魅力がない!?—若手外国人研究者の見る日本 (2000.8.30)

第39回　キーワードはNPO！—地域の活性化 (2000.9.27)

第40回　〈IT革命〉!? で、世の中どうなる (2000.10.31)

第41回　人間はどこまでわがままを言えるか (2000.11.29)

第42回　20世紀大詰め、セイゴオトーク日本流 (2000.12.14)

第43回　〈J.I.Way〉スタート—我々自身で日本を変えよう (2001.1.30)

第44回　〈地球学〉の世紀 (2001.2.28)

第45回　21世紀ニッポンを変えるイニシアティブトークセッション (2001.3.30)

第46回　頼れる医療を!!—医療の信頼と安心は何かを問い直す (2001.4.25)

第47回　日本のエネルギー戦略を考える—3つのストーリーに基づいた最小リスク戦略とは？ (2001.5.22)

第48回　ITが政治を変えるか？— e-デモクラシーの可能性 (2001.6.27)

第49回　海と森の話—人と自然の関わり合い、先人の知恵そして文明 (2001.7.24)

第50回　世の中をデザインする—〈グッドデザイン〉な次世代社会を考えよう (2001.8.29)

第51回　世の中の課題に挑戦する若者達—使命感・お金もうけ・達成感 (2001.9.18)

第52回　〈心のケア〉をどうするか—PTSD対策を事例にとりながら (2001.10.24)

第53回　〈ソシオプレナー〉の世紀—すぐれた技術とお金と人をつないで世直しを!! (2001.11.27)

第54回　ENJIN 01大放談会—ゲストも会場も大いに歓談 (2001.12.17)

第55回　エモーショナル・ポリティクス—政治をファッショナブルに分析してみよう (2002.1.29)

第56回　〈都市再生〉と土壌汚染対策はワンセット！—今なぜ？土地の狂牛病化？環境省案では逆効果？ (2002.2.26)

第57回　一人一冊〜本に遊んで知に結ぶ編集数寄 (2002.3.26)

第58回　世の中づくりは〈千年持続学〉の眼差しで! —あらためて、温故知新の生き方 (2002.4.24)

第59回　個人情報保護法案とともに「住民基本台帳ネットワーク」を考える—国民総背番号制になる？ならない？ (2002.5.28)

第60回　政治資金の話について考える—政治家とお金にまつわる議論 (2002.6.26)

第61回　日本の外交はなぜ弱い？—政官民の関係のあり方から考える (2002.7.30)

第62回　文化は政治や経済の基礎体力—見えないものの値打ちを探す (2002.8.28)

第63回　道路関係四公団民営化推進委員会中間整理を公表—「民営化」「国民負担なし」「凍結」はスローガンだおれ？ (2002.9.24)

第64回　農家の現場からみた日本農業・農政—食の問題をきっかけに「農業」を考える (2002.10.30)

第65回　何が街を輝かすのか？—ヒトかカネかモバイルか (2002.11.27)

第66回　世の中を自分達が担う世の中へ—官から民の具体的な動き (2002.12.18)

第67回　情報メディア社会—どうなる!?　子どもたち—IT・メディアは脳を〈壊す〉のか？子どもたちの育ちを考える (2003.1.28)

第68回　今問われる、きれい社会の落とし穴!!—清潔って何？アトピーから0157までを検証する (2003.2.25)

第69回　食の不思議—醗酵食品のスゴさを通して人間の智恵と創造を考えなおす (2003.3.24)

J.I.フォーラムテーマ一覧（第1回〜109回）

第1回　日本を変えるイニシアティブ　(1997.5.28)

第2回　国・社会・個人I　(1997.6.25)

第3回　国・社会・個人II　(1997.7.23)

第4回　国・社会・個人III　(1997.8.20)

第5回　国・社会・個人IV　(1997.9.24)

第6回　国・社会・個人V　(1997.10.16)

第7回　脱〈会社人間〉万歳！―自分を生かす働き方とは　(1997.11.15)

第8回　現代社会と脳　(1997.12.16)

第9回　イニシアティブ革命とJ.I.活動　(1998.1.28)

第10回　高齢化時代の行政改革　(1998.2.18)

第11回　新たな仕事へのチャレンジ　(1998.3.25)

第12回　J.I.Way　(1998.4.22)

第13回　20代サミット合同PARTY　ジェネレイションカフェ　(1998.5.27)

第14回　(1998.6.24)
第1部　地方自治体とNPOの連携を深めるフォーラム／第2部　日本という秘密

第15回　経済の危機と精神の危機　(1998.7.29)

第16回　ジャパン・コネクト　(1998.9.30)
第1部　情報ネットワークを活用した地域情報化の実例／第2部　地域活性化のドライビングフォース、地域連携とは

第17回　今、なぜ文化立国なのか―これからの文化政策をめぐって　(1998.10.28)

第18回　(1998.11.26)
第1部　行政評価と行政サービス改革について／第2部　教育について―日常の中で楽しむ方法

第19回　21世紀の国づくりを考える〜社会資本と市民参加　(1998.12.16)

第20回　21世紀の国づくりを考える〜地域社会における個の役割　(1999.1.20)

第21回　21世紀の国づくりを考える〜「逝きし世の面影」―国づくりは歴史に学ぶことから始まる　(1999.2.24)

第22回　21世紀の国づくりを考える〜持続可能なエネルギー未来について考える　(1999.3.24)

第23回　21世紀の国づくりを考える〜 街・いなか・暮らし　(1999.4.27)

第24回　(1999.5.26)
第1部　バランスシートで行政が変わる／第2部　21世紀の国づくりを考える〜日本は本当に法治国家なのか―21世紀日本社会における法律の役割

第25回　あなたも〈環境維新〉を起こせます―地域環境プラン立案の集い　(1999.6.30)

第26回　2000年問題から考える―身の回りの危機管理　(1999.7.28)

第27回　現場は待ってくれない！―学校教育再考　(1999.9.28)

第28回　21世紀の国づくりを考える〜日本経済再生のシナリオ　(1999.10.27)

第29回　男の介護〜自分が変わる・社会が変わる―市民社会の現場から　(1999.11.24)

第30回　新しい国を編集する―〈ISIS〉の誕生　(1999.12.15)

第31回　日本の健康政策―地域の健康づくりの現場から　(1999.1.25)

第32回　今、地域がおもしろい―ま･つ･りづくりの仕掛け人　(2000.2.23)

第33回　選挙で政治を変えよう―今こそ政策を競う選挙を訴える　(2000.3.30)

第34回　構想日本をdiscussion！―日本の政策テーマを縦横無尽に議論しよう　(2000.4.25)

第35回　江戸不思議発見ばなし―昔の知恵のリサイクル　(2000.5.31)

第36回　新しい家族像とそれを支える社会の

構想日本　Japan Initiative
政策の立案、実現を目的とするシンクタンク。政党などからの中立性を保つためNPOとして活動し、法人および個人会員の会費で運営されている。
1997年の発足以来、行財政、年金、教育、医療、地方分権などさまざまな分野で具体的な政策の提言を行い、法律、閣議決定などの形で実現させている。同時に問題提起の場としてJ.I.フォーラムを毎月開催、さらに、政治家・政策データベースとして全国会議員の政策を収集し公開している。
構想日本ホームページ　http://www.kosonippon.org/

加藤秀樹
京都大学経済学部卒業後、大蔵省入省。証券局、主税局、国際金融局、財政金融研究所などに勤務した後、97年４月、日本に真に必要な政策を「民」の立場から立案・提言、実現するため、非営利独立のシンクタンク構想日本を設立。省庁設置法改正を皮切りに、道路公団民営化、国、自治体の事業見直し、教育行政改革など、縦横無尽の射程から日本の変革をめざす。選挙時の公開討論会を進めるNPOリンカーンフォーラム代表、慶應義塾大学総合政策学部教授を兼務。主な編著書に『道路公団解体プラン』、『ひとりひとりが築く社会システム』、『浮き足立ち症候群－危機の正体21』など。

構想日本4　**政治時評**

発行日　2006年　9月20日　初版第一刷

編　者　構想日本Ｊ.Ｉ.フォーラム
発行者　仙道弘生
発行所　株式会社 水曜社
〒160-0022　東京都新宿区新宿1-14-12
TEL03-3351-8768　FAX03-5362-7279
URL www.bookdom.net/suiyosha/

印　刷　中央精版印刷
制　作　青丹社
装　幀　青木麻紀

ISBN4-88065-164-8　C0036
定価はカバーに表示してあります。
万一、乱丁・落丁がありました場合は、お取り替えいたします。